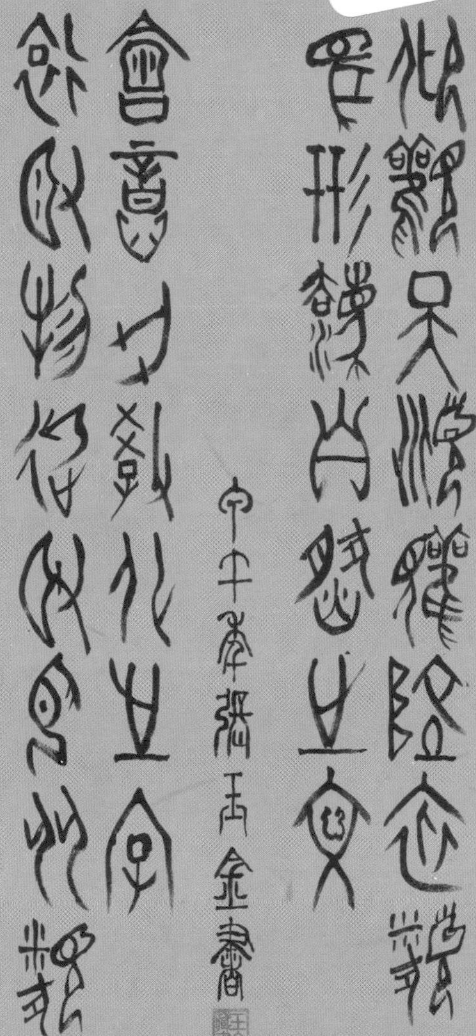

中国印象

丛书主编　张玉金

汉字与医疗

陈增岳　编著

暨南大学出版社
JINAN UNIVERSITY PRESS

中国·广州

图书在版编目（CIP）数据

汉字与医疗/陈增岳编著. —广州：暨南大学出版社，2014.10（2023.4 重印）
（汉字中国）
ISBN 978－7－5668－1031－1

Ⅰ.①汉…　Ⅱ.①陈…　Ⅲ.①汉字—研究②中国医药学—文化研究
Ⅳ.①H12②R2

中国版本图书馆 CIP 数据核字（2014）第 100289 号

汉字与医疗
HANZI YU YILIAO
著　者：陈增岳

出 版 人：张晋升
策划编辑：杜小陆
责任编辑：刘　晶　李大强
责任校对：王雅琪
责任印制：周一丹　郑玉婷

出版发行：暨南大学出版社（511443）
电　　话：总编室（8620）37332601
营销部（8620）37332680　37332681　37332682　37332683
传　　真：（8620）37332660（办公室）　37332684（营销部）
网　　址：http：//www. jnupress. com
排　　版：广州良弓广告有限公司
印　　刷：佛山市浩文彩色印刷有限公司
开　　本：850mm×1168mm　1/32
印　　张：5. 375
字　　数：111 千
版　　次：2014 年 10 月第 1 版
印　　次：2023 年 4 月第 2 次
定　　价：25. 00 元

总　序

当人类从野蛮跨入文明，一些民族发明并使用了文字。如巴比伦人的楔形文字、埃及人的象形文字、玛雅的图形文字等。我们的先人，同样也发明并使用了象形文字。

然而到了今天，其他几种古老的文字体系都消亡了，只有我们的汉字至今还存活着，并呈现出勃勃的生机。在可以预见的将来，它都不太可能被废弃。这是为什么？

传说汉字是四目的仓颉所造的。他创造文字之后，“天雨粟，鬼夜哭”，真是惊天地、泣鬼神的壮举。即使在今天，还有人把汉字的创造看成是中国人的第五大发明。的确，汉字对中华民族的贡献，怎样评价都不过分。

汉字具有超时代性，使我们后人很容易继承先人所创造的伟大文明。中华民族生生不息，中华文明薪火相传，绵延不绝。汉字居功至伟。

汉字具有超地域性，使得居于不同地域、操不同方言的人们能顺利交流，维系着我们国家的统一和民族的团结。汉字功不可没……

汉字身上，蕴藏着无穷无尽的奥秘，等待着我们去探究。

然而以往对汉字的研究，多是就汉字研究汉字，如研究汉字的本义和形体结构，探究汉字的起源、发展、结构等。有时就汉语研究汉字，探讨汉字与汉语的关系。

近些年来，一些学者开始研究汉字自身所具有的文化意义、探讨汉字与中国文化的关系。

但是，到目前为止还没有人从中国文化生态系统的角度来研究汉字。本丛书就是从中国文化生态系统的角度来研究汉字的。

所谓中国文化生态系统是指由影响中国文化产生和发展的自然环境、科学技术、经济体制、社会组织及价值观念等变量构成的完整体系。人类的活动是社会的主体，人类的文化创造可以划分为科学技术、经济体制、社会组织及价值观念等四个层次，这些因素构成文化生态系统的结构模式。与自然环境最近、最直接的是科学技术一类智能文化；其次是经济体制、社会组织一类规范文化；最远是价值观念。对人类的社会化影响最近、最直接的是价值观念；其次是社会组织、经济体制；最远的是自然环境，它对人类社会化的影响是通过经济体制、社会组织及价值观念等中间变项来实现的。

汉字是一种文化现象，所以可以从中国文化生态系统角度来研究汉字。把汉字与中国文化生态系统联系起来，考察汉字所赖以产生的整个文化生态系统及其对汉字的影响，考察汉字中蕴涵的中国社会结构、经济土壤、文化系统和自然环境等各方面的信息。

本丛书的创新点，不是仅就汉字论汉字、仅就汉语论汉字，也不是仅就中国文化来论汉字，而是联系它所赖以产生的整个文化生态系统，从而达到对汉字的更为深入全面的剖析。

本丛书从汉字与人、汉字与社会、汉字与经济、汉字与文化、汉字与自然等五个大的角度来研究汉字，共提出36个研究子课题，每个子课题都写成一本小书。这些子课题如下：

一、人：汉字与人体。

二、社会：汉字与婚姻家庭、汉字与宗法、汉字与职官、汉字与战争。

三、经济：汉字与农业、汉字与渔猎、汉字与手工业、汉字与贸易。

四、文化：

（一）物质文化：汉字与饮食、汉字与服饰、汉字与建筑、汉字与交通、汉字与玉石、汉字与文房四宝。

（二）制度文化：汉字与刑法、汉字与度量衡。

（三）精神文化：汉字与乐舞、汉字与书法艺术、汉字与神话、汉字与对联、汉字与数目、汉字与医疗、汉字与色彩。

（四）心理文化：汉字与民俗、汉字与姓名、汉字与避讳、汉字与测字、汉字与字谜、汉字与宗教、汉字与道德、汉字与审美。

五、自然：汉字与植物、汉字与动物、汉字与地理、汉字与天文。

本丛书的读者对象是具有高中及以上学历的学生和一般国人，也包括学习汉语汉字的海外华人、外国学生和一般外国人。

全面揭示汉字所蕴涵的中国文化生态系统信息，可以让普通民众和大中学生对我们天天使用的汉字有更为深入的了解，有利于提高基础教育和高等教育的水平，有利于提高中华民族的科学文化水平；还可以让学习汉语的外国学生和一般外国人对汉字及其背后的文化生态系统、特别是两者的关联有更多的了解，这有利于汉字汉语汉文化走向世界。

张玉金

2014. 5

前　言

说起“医疗”二字，其实可以分开来解释。今天的“医”字，本来写作“醫”，《说文解字》：“治病工也。得酒而使，从酉。一曰：殹，病声。”醫亦作毉，两者是异体字。关于医的来源，古人的说法基本类似，如《一切经音义》卷二十九医王条：“古者巫彭初毉作。毉字本从酉，或从巫作醫亦通。《说文解字》：‘治病工也。’毉人以酒使药，故从酉。酉者，古文酒字也。”相传最早的医生是巫彭。那时医术与巫术不分，巫师同时也是医师，一直到后世，仍然有巫医存在。而“疗”字，意思跟医治相同，其来源是上古的方言，《一切经音义》卷二十九疗诸条引郑玄注疏《周礼》云：“止病曰疗。吴会江湘谓医病曰疗。”

本书主要选择单个的汉字进行分析，兼顾个别的复音词。许多汉字在复音词中已经成为语素，仅凭单个汉字难以反映其全部含义。虽然有些仍然可以根据字义分析出来，如“煎熬”，其本意为长时间用水煮，煎熬汤药一般一日一剂，分为头煎、二煎，遇到特殊情况，也可以一日连服多剂，以增强效力，但更多的复音词，已经无法根据形训的原理进行探求，因此以单个汉字为主要研究对象完全是必要的。

从汉语词汇的源头来说，上古汉语以单音词为主，抓住了源头就可以理清演变的脉络。当然，一些单音词的产生，也是中古以后的事情。本书在编写过程中，虽然不能逐一说明，但这种明其源流的意图已经基本上落实在内。

与医疗内容相关的这类汉字，无非两种。一种是专用汉字，专门用来表达医疗的含义，其他场合极少被使用，本书中出现的许多作为标题的汉字，就是专门的医疗汉字。另一种是借用汉字，这些汉字本身并非医疗专用，而是借用其字形和字义，加以改造，引申出医疗方面的特殊意义。如“毒”字，《说文解字》：“毒，厚也。害人之艸，往往而生。从中，从毒。”这里指的是有毒的草药。《周礼·天官》：“凡疗伤，以五毒攻之。”这个“五毒”则是丹砂、雄黄、石胆、磁石这五种矿物类药物，因药性酷烈，所以叫作五毒。毒性的大小本不相同，只有毒性大的才会置人死地。毒本是共用的汉字，只是在医药方面的含义更加鲜明而已。

与医疗内容相关的汉字为数众多，这在历代的中医方剂、本草古籍以及字书中都有记载，限于本书通俗的性质，篇幅又不能太长，因此不可能一一道来，许多罕见的汉字，虽然与医疗有关，也只能舍弃。本书在内容上也不可能贪多求全，书中只选择一些常见的汉字，陈说的内容也都是大家耳熟能详的，只希望以蠡测海、以管窥天而已，所以挂一漏万，在所难免。本书以汉字为纲领，加以叙述、说明。

本书在撰述过程中，耗费了不少心力。如何从古奥的汉字入手，揭示出丰富多彩的传统医药文化内涵，又要深入浅出，要言不烦，确实是一件有挑战性的事情。由于时间仓促，本书必定存在许多问题，希望读者能够随时教正。另外，需要说明的是，因时间关系，书中部分插图未能联系上相关作者，如有疑问，请联系暨南大学出版社，届时会以一定的形式表示感谢。

目　录

一、疾病与汉字

许多与疾病相关的汉字，都带一个疒字旁，让人一见即知。如瘤，指体表或筋骨的赘生物。《说文解字》："瘤，肿也。"《释名》："瘤，流也。血流聚而生瘤肿也。"《玉篇》："瘤，息肉也。"《晋书·景帝纪》即有割除目瘤的记载，司马师"目有瘤疾，使医割之"。这说明在公元3世纪，我国医学家就已经能够割治肿瘤，这也是世界上最早的相关记载。当然也有一些疾病用字，虽然没有冠以疒字旁，但仍然与疾病相关。

疾病有常见与罕见之分，也有轻微与严重之别。这里只讲一些常见的病症用字以及与瘟疫有关的汉字。

（一）轻微疾病及相关汉字

疹

疹，就是疹子，发生于皮肤表面，呈斑丘状、粟粒状，高出皮肤，抚之碍手，疏密不一，甚则融连成片。

疹色可与皮肤颜色相同，亦可发红。《释名》："疹，诊也。有结气可得诊见也。"《玉篇》："瘾疹，皮外小起也。"

荨麻疹是一种变态反应性皮肤疾病，常因吃鱼、虾、蟹等海鲜或饮酒、出汗当风而诱发，也有因药物过敏而引起的。此病分为急性、慢性两种。急性荨麻疹发病急骤，初起局部发生瘙痒，抓后皮肤潮红，迅速出现扁平局限性疹块，大小不等，呈圆形或不规则形，颜色鲜红或中央呈白色，边缘呈红色，有明显瘙痒及轻度灼热感，一般 1～2 小时后逐渐消退，消退后不留痕迹。慢性荨麻疹多由急性荨麻疹迁延而来，少则数月，长则 1～2 年，一般抗过敏治疗无效。

中医称荨麻疹为瘾疹，认为急性荨麻疹多因风邪郁于皮毛，或内有食滞、邪热，复感风寒所致；而慢性多因情志不遂，肝郁不舒，郁久化热，伤及阴液所致。求治者多为慢性迁延，经一般抗过敏治疗无效者。手部按摩对荨麻疹有较好的疗效。手部按摩具有疏肝解郁，平衡阴阳，调节机体免疫系统的功能。

龋

龋（qǔ）字中的"禹"《说文解字》解释为虫，一说指龋虫。龋齿，是指牙齿发生腐蚀的病变，在牙面上形成龋洞并逐渐扩大，最后可使牙齿全被破坏。患这种病的牙，亦称蛀齿、虫牙。《淮南子·说山训》：“掘室而求鼠，割唇而治龋……用智如此，岂足高乎！”《史记·扁鹊仓公列传》：“齐中大夫病龋齿。”《释名》：“龋，朽也。虫啮之齿，缺朽也。”

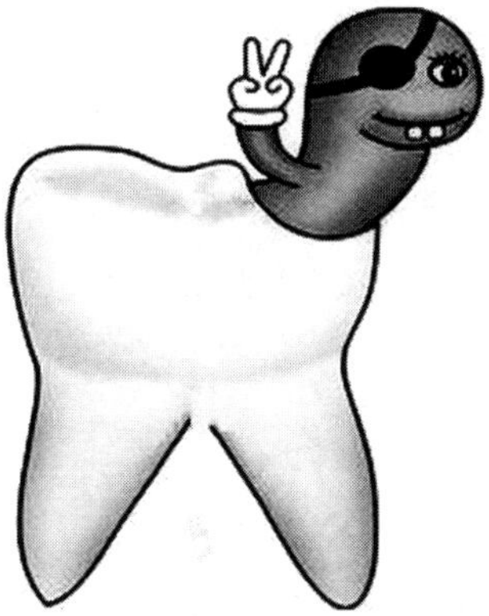

蛀牙

中医认为口腔不洁，牙齿污秽，食物残渣塞于牙齿中日久则蚀齿；平素嗜食甘甜或膏粱厚味，胃火炽盛，湿热上攻，熏蒸于齿；肾精亏损，髓海不足，阳明脉虚而致。内治主要采用清胃泻火、补肾固齿、祛风止痛等方法。外治方法亦多。初期的龋齿没有症状，仅在牙釉质的表面有黄褐色斑点，因此不被人们注意。这一时期的龋齿为浅龋。当龋蚀深入牙本质浅层，在牙齿的表面出现明显的黑洞时，病者往往吃糖就会疼痛，而经漱口就不痛了。这一时期的龋齿叫作中龋。当龋蚀继续向深部扩大，到达牙釉质深层并接近牙髓腔时，在冷、热的温度刺激下会出现疼痛。此时龋洞离牙髓比较近，龋洞内的细菌和毒素容易渗透到牙髓，引起急性牙髓炎，引起剧烈疼痛。这一时期的龋齿叫作深龋。深龋如再不治疗，牙冠可能被龋蚀破坏，成为残冠，牙髓也会因炎症而坏死，病牙的疼痛感觉反而减轻。龋齿发展到最后阶段，牙冠完全被破坏，只留下残根。残根是引起全身其他疾病的病根，应予拔除。这就是龋齿的五个分度。

暍

暍（yē），《说文解字》：“暍，伤暑也。从日，曷声。”暍就是中暑，是外感暑邪引起的热性病。《金匮要略》云：“太阳中热者，暍是也。”

中暑

高温会引起体温调节功能紊乱。在烈日或高温下劳动一定时间后，出现大汗、口渴、乏力、头晕、胸闷等症状时，为中暑先兆，经阴凉处短暂休息，补充水和盐后，症状在短时间内即可消失。在气温骤升或者温度很高时，容易发生中暑，尤以老年人、体弱或慢性病患者多见。

《红楼梦》第二十九回写到，农历五月，天气却已经十分炎热，林黛玉体质虚弱，弱不禁风，又患有慢性病，对外界恶劣天气的耐受力甚差，于是就中暑了。黛玉中暑之后，回家休养，服用香薷饮后病情逐渐好了。这是有依据的，因为香薷饮是古代有名的方剂，由香薷散演变而来。制成散剂叫香薷散，熬成煎剂就是香薷饮，药方出自《太平惠民和剂局方》。

痧

痧，开始写作沙，后来才改为痧，一般指疹子，指皮肤出现红点如粟，以指循皮肤稍有阻碍的疹点。清代的邵新甫在《临证指南医案》云："痧者，疹之通称，有头粒如粟。"疹子只是表象，其实内因复杂，常见的痧症有热痧、寒痧、绞肠痧。清代郭志邃鉴于痧症发病多、传变快的特点，以及治疗时治不对症、愈后不良的情况，总结前人有关治痧的经验，著专书《痧胀玉衡》，对多种痧症的病因及诊治方法作了较为系统的论述。

痧症在肌肤，可采用刮痧方法；痧在血络，可采用刺痧方法，还可用拉痧，即食指和中指弯曲并拢，拉动脖子两侧靠近肩膀位置筋脉，直至出现暗红或紫黑色痧点为止。刮痧疗法，是用刮痧器在表皮穴位

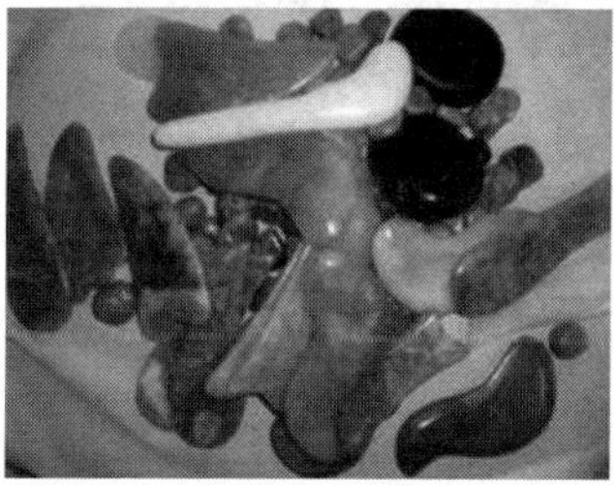

玉石刮痧板

上进行刮治，直到皮下出血并凝结成红点为止，通过发汗使汗孔张开，将痧毒排出体外，达到治愈目的。清代中医外治家吴尚先对刮痧给予了充分肯定，认为“阳痧腹痛，莫妙以瓷调羹蘸香油刮背，盖五脏之系，咸在于背，刮之则邪气随降，病自松解”。

瘖

瘖（yīn），也写作喑，指声音沙哑，或者不能发声。《说文解字》：“瘖，不能言也。从疒，音声。”《吕氏春秋·本生》：“有味于此，口食之必慊，已食之则使人瘖，必弗食。”

胖大海

清代叶天士《临证指南医案》谓“金实则无声，金破碎亦无声”，形象地说明了失音有虚实两种。失音有暴瘖和久瘖之别。暴瘖多属外感，猝然起病。久瘖多属内伤，缓慢起病。引起失音的情况很复杂，可以分为许多症型，临床上须辨证施治。

日常生活中，也有因为唱歌、演讲、悲哭、号叫损耗津气而嘶哑者，可用响声破笛丸，或者用胖大海泡茶饮。声音沙哑或失声是那些需要长时间讲话或不能正确使用喉咙的人时常碰到的困扰。一般而言，禁声休息是治疗声音沙哑的最佳方法。喉糖、罗汉果、枇杷膏或胖大海等，只能稍微缓解症状，不可过度依赖。

人的声带很娇嫩，所以不能过度用声。要坚持室外活动，以增强肌体的防御能力，避免咽炎、喉炎的发生。养成良好习惯，饭后要做咽部清水含漱，平时多喝茶，保持咽部清洁。许多人认为声音沙哑算不上毛病，吃点儿消炎药就会好，但有可能已埋下难以预料的隐患。

魇

魇（yǎn），就是梦魇。《说文解字》："梦惊也。从鬼，厌声。"本义是因梦中遇到可怕的事而惊叫，就是人们在睡梦中感到身不能动，口不能言，胸闷如窒息状，并发生惊叫的现象。后指从噩梦中惊醒之后，能生动地回忆起噩梦的内容。噩梦的内容总是让人恐惧，儿童从梦魇中醒来常常会哭，只有在家长的安慰下才能安静下来继续入睡。许多人都有梦魇的经历。梦魇严重的，会时常做噩梦，那就是一种疾病了。

梦魇也叫鬼魇，迷信的人叫作鬼压身。《肘后备急方》卷一："魇，卧寐不寤者，皆魂魄外游，为邪所执。"梦魇时，自己的身

梦魇（英·弗塞里）

体仿佛完全不听意识的使唤，其实只是大脑负责运动的中枢仍然在睡眠中，所以想动弹也动弹不了。在这半梦半醒的过程中，人脑想到的东西都极容易投射成幻觉，一旦运动中枢清醒了，问题也就不存在了。知道了梦魇形成的原因，就没有什么可怕的了。

中医认为梦魇症是由于气血两虚，气不周运，气滞血瘀凝阻经脉所致。因此防治梦魇症应注意补充营养，增强体质，防止过度疲劳，避免抑郁、生气、发怒等不良情绪。

衄

衄（nǜ），《说文解字》："衄，鼻出血也。从血，丑声。"

衄血，凡非外伤所致的某些部位的外部出血证，以鼻衄为多见。鼻衄量多时，又称为鼻洪或鼻大衄。一般因感受外邪所致的衄血起病急，病程短，多有外感表证，内伤所致者反之。衄血不止者，嘱其安卧，勿情志过激，依出血部位的不同，予以局部冷敷。《灵枢·百病始生》云：“阳络伤则血外溢，血外溢则衄血。”《诸病源候论》卷二十九：“肝藏血，肺主气，开窍于鼻。血之与气，相随而行，内荣腑脏，外循经络。腑脏有热，热乘血气，血性得热即流溢妄行，发于鼻者为鼻衄。脏虚血盛，故衄不止。”

衄血

鼻衄，食少体倦，面赤，神情恍惚者，宜伏龙肝汤施治；鼻衄量多者，宜茅花汤。阴虚衄血者，可用大剂量生地煎服。外治可用十散塞鼻、山栀炭吹鼻、白矾末吹鼻等法。

哮

哮，《说文解字》：“哮，豕惊声也。从口，孝声。”哮原来指猪的惊叫声，引申为呼吸急促，喉中痰鸣如水鸡（即田鸡）声的病症。《医学正传》卷二：“喘促喉中如水鸡声者，谓之哮。”哮与喘不同，《医学正传·哮喘症》：“哮以声响言，喘以气息言。”喘促喉中如水鸡声者谓之哮；气促而连续不能以息者谓之喘。

哮喘

哮有冷热之分，热哮表现为声高气粗，喉如拽锯，呼气热，喘胀迫促，甚则张口抬肩，端坐不能平卧，痰浊黄稠胶粘，咳咯不爽，胸膈烦热，面赤，自汗，口渴喜饮冷等。治疗以清热宣肺，化痰定喘为主，药方用“麻杏石甘汤”加减。冷哮表现为其声沉闷，喉声如鼾，呼气不热，不得平卧，痰色白清稀多泡沫，胸中窒闷等。治疗以温肺散寒、化痰平喘为主，药方用“小青龙汤”加减。民间单方则是用石苇加冰糖煎服。

哕

哕（yuě），呃逆之古称。《说文解字》：“哕，气牾也。从口，岁声。”《灵枢·杂病》：“哕，以草刺鼻嚏，嚏而已。”《证治准绳·杂病》：“呃逆，即《内经》所谓哕也。”《玉篇》：“哕，逆气也。”《正字通》：“方书，有物无声曰吐，有声无物曰哕，有物有声曰呕。”

呃逆就是气从胃中上逆，喉间频频作声，声音急而短促的表现。呃逆就是日常说的打嗝，是常见的生理现象，是由横膈膜痉挛收缩引起的。

受到寒冷刺激、饱餐，或者吃饭过快，都可能出现呃逆。有一些简便实用的方法能够阻断神经反射而使呃逆中止。第一种是先深吸一口气，然后憋住，尽量憋长一些时间，然后呼出，反复进行几次。第二种是喝开水，特别是喝稍热的开水，喝一大口，分次咽下。第三种是嚼服生姜片。第四种是将生韭菜洗净，榨出汁后口服。

打嗝

还有一些疾病，通常情况下不会危及身体健康，但有碍观瞻，影响个人形象，为许多人所不喜，称为损美性疾病。有的汉字也表示这类损美性疾病，如斑和疱。

斑

斑，《说文解字》：“辩，驳文也”。徐锴曰：“今作斑也。”斑原指一种颜色中夹杂别种颜色的点子。中医说的斑，则是皮肤病的一种，指发于皮肤表面的红色或紫红、淡红、黑色、棕褐色之斑点，点大相连则成片状，扪之不碍手，《诸病源候论 · 时气病诸候》中有记载。《丹溪心法 · 斑疹》亦云：“斑有色点而无头粒者是也。”

斑点

雀斑大约在5～6岁间形成，发生年龄在青春期前，在阳光晒得到的部位产生浅棕色斑点，在夏季会变大、增多，色素深度也会加重。雀斑是一种常见的损美性皮肤疾病。它的发生99%与遗传有关。父母一方有雀斑者，子女遗传的可能性则相当大。雀斑表面光滑，不高出皮肤，无自觉症状，易集中在鼻部，个别人全脸都有。一般在少年时期开始显现，很可能伴随终生，这种斑不能靠药物强行治疗，但可借助祛斑护肤品慢慢淡化。日晒后雀斑颜色加深，秋冬季变淡。

斑点还分黄褐斑（俗称“汗斑”）、妊娠斑、黑斑、蝴蝶斑等。妇女生育后因体弱贫血会在脸部出现黄褐斑，故妊娠斑与黄褐斑相似。这类斑与血液、肝脏功能及内分泌失调有关。有些人出现大量深色的斑点，其原因可分为两种：第一，遗传因素。在某些妇女体内，由于荷尔蒙中所含的斑点基质色素超乎一般人之上，因此斑点也显得特别多而明显。第二，紫外线影响。一个喜欢在户外活动或喜欢日光浴的人，其斑点也较其他人多，一般夏天容易出现斑点。

疱

疱，《说文解字》：“皰，面生气也。”皰与疱通用。

疱，面部小疮，即粉刺。慧琳《一切经音义》卷七："疱，人面上热气所生疮名也。"美容医学说的损美性疾病，就包括面部的粉刺。

中医认为皮肤的变化与五脏的变化有关。人体皮肤的正常代谢周期是28天左右。中医认为引起粉刺的原因有几个方面：一是肺热，多由肺有宿热复感风邪，遂使肺热不得外泄引起。其症面长丘疹，状如粟米，可挤出白粉样油状物，可见于前额，间或有黑头粉刺，宜用清泄肺热法。二是血热，多由情志内伤，气分郁滞，日久化热，热伏营血所致。其症面长丘疹，以口鼻及两眉间为多，宜用凉血清热法。三是胃热，多由饮食不节，过食肥甘之物，使肠胃燥结，中焦积热，郁于面部皮肤而致。其症丘疹状如粟米，能挤出白粉样油状物。四是热毒炽盛，多由肺胃蕴热上炎，蕴于面部引起。其症为面部有丘疹，以小脓疱为主。

粉刺一般无自觉症状或稍有瘙痒，比较顽固，用西药消炎只能缓解一下，谈不上根治，相反往往此起彼伏，有的可迁延十余年，一般到30岁左右可逐渐痊愈。

（二）严重疾病及相关汉字

癥瘕

癥（zhēng）是腹中结块。《史记·扁鹊仓公列传》：

“以此视病，尽见五脏癥结，特以诊脉为名耳。”瘕（jiǎ）是形声字，字从疒，从叚，叚亦声。叚意为非原生的。疒与叚联合起来表示人腹中的团块。《神农本草经》载乌贼骨功效：“主女子漏下，赤白经汁，血闭，阴蚀，肿痛，寒热，症瘕，无子。生池泽。”《金匮要略·疟病脉证并治》：“病疟以月一日发，当以十五日愈，设不差，当月尽解。如其不差，当云何？师曰：此结为癥瘕，名曰疟母。”

癥瘕是腹中结块的病。坚硬不移动，痛有定处为癥；聚散无常，痛无定处为瘕。此病多因脏腑不和，气机阻滞，瘀血内停，气聚为癥，血结为瘕，以气滞、血瘀、痰湿及毒热为多。癥、瘕名虽不同，大要不出痰、食与瘀血所形成，病位多由于太阴湿土之气所致。

癥分食癥和血癥。食癥，因脾胃虚不能克化，遂与脏气相搏，结积成块，日渐长大，坚固不移。血癥，由脏腑虚弱，寒热失节，或风冷内停，饮食不化，周身运行之气血，适与相值，结而生块。

瘕，古有八瘕之称。青瘕，聚在左右胁下，藏于背膂，上至肩胛；黄瘕，左胁下有气牢结，不可抑；燥瘕，状如半杯，上下腹中不定；血瘕，留着肠胃之外，及少腹之间；脂瘕，在脂膜间，猝难踪迹；狐瘕，出入少腹间，或隐或见；蛇瘕，其形长，在脐上下；鳖瘕，形大如杯，按之应手。

疝

疝（shàn），《说文解字》："疝，腹痛也。从疒，山声。"《急就章》第四章："疝瘕癫疾狂失响。"颜师古注："疝，腹中气疾上下引也。"《史记·扁鹊仓公列传》："脉来难者，疝气之客于膀胱也。"

治疗疝气的小茴香

中医治疗疝气主要有药物疗法和疝气带疗法两类。药物疗法能缓解疝气导致的腹胀、腹痛、便秘等症状，从而使病情减轻。常用中成药有疝气内消丸、桔核丸等，或用肉桂研末醋调，纱布包敷脐部等。疝气带疗法能迅速阻止疝的凸出，从而有效阻止疝气发展，缓解疝气导致的腹胀、腹痛等症状，缺点是无法根治疝气。

清朝末年，有个俄罗斯富商乘船游览杭州西湖，当他正尽情欣赏秀丽风光之时，突然疝气发作，疼痛难忍，随行的俄罗斯医生束手无策，幸好船夫推荐了一位老中医。老中医用小茴香一两，研成粗末，让俄罗斯富商用二两浙江绍兴黄酒送服，大约片刻，富商的疝痛奇迹般地减轻，并很快消失。得知自己的疼痛是被小茴香治好的，俄罗斯富商大呼神奇。

痁

痁（shān），《说文解字》：“痁，有热疟。从疒，占声。”段玉裁注：“痁，有热无寒之疟也。”《玉篇》：“痁，疟疾也。”南朝宋颜延之《陶征士诔》：“年在中身，疢维痁疾。”痁疾就是疟疾。

治疗疟疾的常山

疟疾由感受疟邪，邪正交争所致，是以寒战壮热、休作有时为特征的传染性疾病。疟疾是一种严重的传染病，我国大部分地区均有流行，以南方为多。现代医学证明，疟疾是经按蚊叮咬而感染疟原虫所引起的虫媒传染病。中医药对治疗疟疾积累了丰富的经验，有其良好的疗效，尤其是现代研究成功的青蒿素，对疟疾更具有卓效。

我国人民对疟疾的认识甚早，远在殷墟甲骨文中已有“疟”字的记载。传染病在古代医籍中记载最详细者首推疟疾。在《素问》里就有《疟论》等专门篇章，对疟疾的病因、病机、症状等作了系统的讨论。《神农本草经》明确记载常山有治疟的功效。《肘后备急方·治寒热诸疟方》则首先提出了瘴疟的名称，并最先采用青蒿治疟。

由于寒热的偏盛、感邪的轻重及病程的长短等不同，疟疾分为正疟、温疟、寒疟、瘴疟、疫疟、劳疟等。对于疟疾的治疗，古代医家积累了许多宝贵的经验。

瘴

瘴（zhàng），原本作“障”，中古以后才有“瘴”字，指南方山林致人生病的毒气。《玉篇》：“瘴，瘴疠也”。《广韵》：“瘴，热病。”《正字通》：“瘴，中山川疠气成疾也”。《诸病源候论 · 疟病诸候 · 山瘴疟候》：“此病生于岭南，带山瘴之气。其状，发寒热，休作有时，皆由山溪湿毒气故也。其病重于伤暑之疟。”这里明确了瘴是形成于“山溪源岭”之间的一种具有传染性的“湿毒之气”。

其中引起瘴疟的疟邪亦称为瘴毒或瘴气，主要存在于我国。瘴疟所致病情较重，虽然是疟疾的一种，但古人却格外害怕，相当于西医说的恶性疟疾。古代文

瘴气

献中经常会提到可怕的瘴疠。

瘴疟与一般疟疾不同，一般的疟疾症状比较典型，定时而作，周期明显，发病者神志清楚，发病虽以南方多见，但全国各地均有；而瘴疟则症状多样，病情严重者未发之时也有症状存在，发病者多有神昏谵语，南方地区发病较多。古代北人南迁，得病的往往是随行的奴仆，因为贵人多生活在室内、帐内，而奴仆则暴露在野外，容易受到毒蚊子的叮咬。

瑶族先民很早就对瘴气有了认识，并积极寻找防治方法，如服食薏苡仁、咀嚼槟榔、悬挂菖蒲、针刺治疗、居住干栏建筑等。宋代周去非《岭外代答》中有针刺治瘴的记载："南人热瘴发一二日，以针刺其上下唇，其法卷唇之里，刺其正中，以手捻其唇血，又以楮叶擦舌，又令人并足而立，刺两足后腕横纹中青脉，血出如注，乃以青蒿和水服之，应手而愈。"

疸

疸（dǎn），《说文解字》："疸，黄病也。从疒，旦声。"徐锴云："劳热而黄也。"《素问·平人气象论》："溺黄赤，安卧者，黄疸。"

黄疸是一种感受湿热疫毒等外邪所致的，以目黄、身黄、尿黄为主要临床表现的肝胆病症。《内经》已有黄疸之名，并对黄疸的病因、病机、症状有了初步认识，如《素问·平人气象论》云："溺黄赤，安卧者，黄疸……目黄者曰黄疸。"《金匮要略》把黄疸立为专篇，并分为黄疸、谷疸、酒疸、女劳疸和黑疸等五类。《诸病源候论·黄病诸候》提出了一种猝然发黄，命在顷刻的"急黄"。《外台秘要·温病及黄疸》引《必效》曰："每夜小便中浸白帛片，取色退为验。"这是最早用实验检测的比色法来判断治疗黄疸病情的记载。

中医一般将新生儿黄疸分为阳黄和阴黄。阳黄是热毒实邪所为，其黄如橘色鲜明；阴黄为寒湿所致，其黄色晦暗。但临床发现仅用阴黄、阳黄尚不能全面反映其复杂病情，所以临床一般将小儿黄疸分为湿热型、热毒型、瘀滞型、脾湿型四种。新生儿热毒型黄疸，多在出生后较晚的时间出现，伴见高热、烦躁喘促，或抽搐，或昏迷，并且有呕吐、腹泻等胃肠道症状。此类型一般病情较重，多为核黄疸病人。中成药可灌服安宫牛黄丸、紫雪丹等，汤药可用水牛角、生石膏、炒栀子、黄连、茵陈、菖蒲、大黄、钩藤等药用水煎服。若患儿已昏迷致中药灌不进去，可用茵陈、栀子、大黄、甘草煎汤，保留灌肠，一日一次，或采用针灸、西药抢救等办法综合治疗。

痘

痘，俗称天花、痘疮。《字汇》："痘，痘疮。"这个

> 痘不是青春痘，而是专指天花。天花是由天花病毒引起的烈性传染病，到目前为止已经在世界范围内被消灭。天花由感染病毒引起，无药可治，患者在痊愈后脸上会留有麻子，天花由此得名。

天花病毒繁殖快，能在空气中以惊人的速度传播，致死率为30%。但由于天花病毒只在人身上传染，而且牛痘疫苗可以终身有效地防止感染天花，故1977年牛痘疫苗问世以后再也没有出现过天花。但在历史上，天花始终是一种可怕的疾病，即使是帝王之家也难以幸免。

《肘后备急方》中对天花已有记载，天花是征讨外族军队时所传入，故葛洪称之为虏疮，这也是有关天花的最早记载。我国中医对天花防治早就有一套方法，宋代就有了人痘接种法，具体方法是用棉花醮取痘疮浆液塞入儿童鼻孔中，或将痘痂研细，用银管吹入儿童鼻内，通过这种方法使人体产生抗体来预防天花。这在《医通》和《医宗金鉴》中都有详尽的叙述。

由于天花曾经给人们生命安全带来过不少威胁，所以人们对天花敬惧如神，痘神庙也因此在各地均有修建。有关痘神的来历，根据《封神演义》记载：痘神当推余化龙及其五个儿子——达、兆、光、先、德。传说余化龙本在商纣王手下当官，曾任潼关守军的主将。当年姜子牙率周兵伐商纣，率兵在潼关安营。两军列阵交锋，余化龙率其长子余达出战，余达受伤败走。为报仇雪恨，五儿子余德暗用妖术，潜入周营，将五斗毒痘四处撒播。武王、姜子牙及全营将士都染上了痘疹。正巧武将杨戬外出，未遭侵染。在危急时刻，姜子牙连忙派遣杨戬前往火云洞，拜求伏羲氏赐丹救治。伏羲拿出三粒仙丹，嘱告杨戬："这三粒仙丹，一粒救武王，一粒救子牙，一粒用水化开，在军营之中四处散洒。"杨戬回营，马上如法办理，很快全营将士的痘疹都好了，然而将士们脸上却都留下了点点疤痕。姜子牙大怒，立刻调兵遣将攻打潼关。余化龙亲率五子出关迎敌，未及数回合，五子全都被杀死于阵前。余化龙见五子阵亡，遂拔剑自刎。姜子牙克商兴周之后，封余化龙为主痘之君，其子余达为东方主痘正神，余兆为西方主痘正神，余光为南方主痘正神，余先为北方主痘正神，余德为中央主痘正神。这便是正统痘神的荒唐来历。

痘神张帅

至于旧时民间祭祀的痘神，名称就各不相同了。据道教传说，武则天当政时就有过一位痘神。山东宁海县有个人叫张纯，其妻黄氏做梦梦见了金甲神，之后就生下一个男孩，叫张帅。张帅幼年时聪明英俊，神清目秀，貌似灵官。成年后，官至刺史，深谙人间不平事。升堂办公时，耳听政，口辩冤，笔签禁，立断公案，百姓心悦诚服。张帅性格仁直刚义，好为百姓做主。一次朝廷下诏，说武后喜欢英俊少年，命令各地以千数进选。张帅反对此举，就借当地闹痘疹瘟疫没有中选者为由，把这差事搪塞了过去，免除了当地许多家庭离散之苦。人们对父母官张帅感激涕零，募资建造生祠奉祀他。这件事传到了玉皇大帝的耳朵里，玉皇大帝念及张帅忠诚稳健，不曲不阿，赐封其为飞挞报应神职，赠二郎神头盔，让他兼理天下麻疹痘疫的防治，专门保护儿童。一来二去，张帅名声大振，各地纷纷效仿建祠祀之。于是，这位名叫张帅的人便成了痘神。

痢

痢，《玉篇》："痢，泻痢也。"《集韵》："痢，下病。"痢疾，古称肠澼、滞下，为急性肠道传染病之一，以发热、腹痛、里急后重、大便脓血为主要症状。痢疾初起，先见腹痛，继而下痢，日夜数次至数十次不等，多发于夏秋季节。

中医认为，痢疾多因外受湿热、疫毒之气，内伤饮食生冷，损伤脾胃及脏腑而成。痢疾的古老名称叫作肠澼，《素问·太阴阳明论》云："饮食不节，起居不时……下为飧泄，久为肠澼。"《证治汇补》云："肠澼者，谓湿热积于肠中。即今痢疾也，故曰无疾不成痢，痢乃湿、热、食积三者。"在治疗上应辨证施治。《景岳全书》云："凡治痢疾，最当察虚实，辨寒热，此泻痢最大关系，若四者不明，则杀人甚易也。"故此病辨症首辨寒、热、虚、实，临症当据腹痛、里急后重、痢色，并参合舌脉而辨。通常按不同的病因、症候，大致可分为暑痢、湿热痢、风痢、疫痢、气痢、毒痢、热痢、寒痢、噤口痢、久痢、休息痢、赤痢、白痢、赤白痢、五色痢等种类。中医所说之痢疾，既等同于现代医学的痢疾，也包括阿米巴痢、溃疡性结肠炎、过敏性结肠炎及其他一些肠道感染、中毒等引致的肠道传化、吸收功能失调的疾病。

常用于治疗痢疾的中药有鸦胆子，其为苦木科常绿灌木或小乔木，主产于广西、广东等省。秋季果实成熟时采收，晒干，去壳取仁，以干龙眼肉及胶囊包裹吞服，或压去油，制成丸剂或片剂服。本品性味苦寒，归大肠、肝经，有清热解毒、治痢截疟、腐蚀赘疣的功效，口服可用来治疗热毒血痢、冷积久痢等各型痢疾。

癔

癔（yì），《玉篇》："癔，病也。"《字汇》："癔，心意病也。"今天也称歇斯底里，多由精神受刺激引起，表现为胡言乱语、哭闹嬉笑等精神症状。癔症的表现可归纳为两类：一是兴奋的症状，如大哭或大笑、吵闹、胡言乱语、手脚挥动等；二是抑制的症状，如情绪低落、闭目不语、失音、失明等。症状虽多，但没有器质性病变。

甘麦大枣汤

癔症是以精神恍惚或神情忧郁、烦躁不安、悲忧欲哭、喜怒无常为主要临床表现的一种病症。本病属于中医的“脏躁”范畴，系脏躁中的“心神惑乱症型”。此病症首先记载于《金匮要略》之妇人杂病：“妇人脏躁，喜悲伤欲哭，象如神灵所作，数欠伸，甘麦大枣汤主之。”《医宗金鉴》谓：“脏，心脏也。心静则神藏，若为七情所伤，则心不得静，而神躁扰不宁也。故喜悲伤欲哭，是神不能主情也；象如神灵所凭，是心不能主神明也。”

疠

疠（lì），麻风病。《说文解字》：“疠，恶疾也。”麻风是因感受风邪疠毒而致肌肤麻木不仁的慢性传染病。《素问·长刺节论》云：“病大风，骨节重，须眉堕，名曰大风。”《素问·风论》：“疠者，有荣气热胕，其气不清，故使其鼻柱坏而色败，皮肤疡溃。风寒客于脉而不去，名曰疠风。”后人称为癞病、大风、病风、恶疾、大麻风等。本病流行于热带与亚热带地区，我国以广东、福建、山东、江苏等省发病较多。

药王孙思邈

先秦书籍中就有麻风病的记载。《韩非子·奸劫弑臣》："谚曰：'厉怜王。'此不恭之言也。……故劫杀死亡之君，此其心之忧惧，形之苦痛也，必甚于厉矣。由此观之，虽厉怜王可也。"厉与疠是通假字，指麻风病。厉怜王，就是说麻风病人怜悯被劫杀的君主，认为他们比自己还可怜。

古代流传孙思邈给初唐四杰之一的卢照邻治疗麻风病的故事。卢照邻全身发痒，看了不少医生都未见好转，因此求医于孙思邈。孙思邈当即为他切脉，看过面部肤色后，又让他脱下衣服检查了痛痒的部位，然后告诉他："你果然患有恶疾啊！"卢照邻忙问："是何病？"孙思邈说："就是疠风。"听了这句话，卢照邻顿时目瞪口呆，他接受了孙思邈的治疗。但唐高宗要到甘泉避暑，命孙思邈同行，因此治疗不得不中断，卢照邻也回到了四川。不久，孙思邈告老还乡，从此天各一方，再未见面。五年以后，卢照邻因病辞官，到太白山养病。他的病愈来愈严重，麻风病的各种症状显露出来，一只手麻木，一条腿也难于行走了。可他却听信了当地一个道士的蛊惑，服了道士的"仙丹"，而"仙丹"的主要成分是有毒的汞、砒霜、铅等，这不但没有治好他的旧病，反而使他得了新病。他痛苦不堪，写下了《五悲》、《释疾文》等作品来叙述自己的不幸。永淳元年，孙思邈逝世，更给了他以新的打击。不久，他的病情进一步恶化。他想，与其苟延生命，还不如及早了却一生，于是在一个秋风呼啸、枯叶纷飞的黄昏自杀了。孙思邈虽然未能医好卢照邻的疠风病，但他亲自治疗六百疠风病人，尽心竭力为卢照邻诊治恶疾的故事，千百年来被传为佳话。

疰

疰（zhù），指传染病，《广雅》："疰，病也。"《释名》："注病，一人死，一人复得，气相灌注也。"注与疰字通假。注病的名称很多，逐渐形成五尸之说。

连环画《华佗》

华佗《中藏经·传尸论》："传尸者，非一门相染而成也，人之血气衰弱，脏腑虚羸，中于鬼气，因感其邪，遂成其疾。其候或咳嗽不已，或胸膈妨闷，或肢体疼痛，或肌肤消瘦。"葛洪《肘后备急方》卷一："五尸者（飞尸、遁尸、风尸、沉尸、尸注也，今所载方兼治之），其状腹痛，胀急，不得气息，上冲心胸，旁攻两胁，或垒块涌起，或挛引腰脊，兼治之方。"又云："虽有五尸之名，其例皆相似，而有小异者（飞尸者，游走皮肤，洞穿脏腑，每发刺痛，变作无常也；遁尸者，附骨入肉，攻凿血脉，每发不可得近，见尸丧、闻哀哭便作也；风尸者，淫跃四肢，不知痛之所在，每发昏恍，得风雪便作也；沉尸者，缠结脏腑，冲心胁，每发绞切，遇寒冷便作也；尸注者，举身沉重，精神错杂，常觉昏废，每节气改变，辄致大恶，此一条别有治后熨也）。凡五尸，即身中死鬼接引也，共为病害，经术甚有消灭之方，而非世徒能用，今复撰其经要，以救其敝方。"

葛洪之后，记载尸注病的医书很多。总结起来说，传尸是魏晋时期所现之名，两汉以前之殗殜、淋露，五代以来之劳疾、劳瘵及瘵疾都是注病的旧称。魏晋之时，人们认为此病本是尸气传染所致，故传尸之名产生，而殗殜、淋露之名逐渐被取代。此病的病名虽多，却是同一类疾病，相当于今天说的肺结核。结核病是由结核杆菌感染引起的慢性传染病。结核菌可能侵入人体各种器官，但主要侵犯肺脏，通常称为痨病。

中医跟肺痨的斗争有悠久的历史，医书中有大量的方子是治疗这种疾病的。假如有人相信古代中医只会用人血馒头治疗痨病，那未免也太孤陋寡闻了。民间也有治疗痨病的故事，传说华佗给一黄痨病人治病，苦无良药，无法治愈。过了一段时间，华佗发现病人突然好了，忙问他吃了什么药，他说吃了一种绿茵茵的野草。华佗一看是青蒿，便到地里采集了一些，给其他黄痨病人试服，但均无效果。华佗又去问已痊愈的病人吃的是几月的蒿子，他说三月里的。华佗醒悟到，春天三月阳气上升，三月蒿子有药力。第二年春天，华佗又采集了许多三月间的青蒿，给黄痨病人们服用，果然吃一个好一个，但过了三月，青蒿却又没有功效了。为摸清青蒿的药性，华佗第三年又采集青蒿做实验，结果证明只有幼嫩的茎叶可以入药治病，并取名为“茵陈”。

痟

痟（xiāo），就是消渴。《玉篇》：“痟，渴病也。汉司马相如痟渴疾。”原本书作“消”，中古以后写作“痟”。消渴病人消瘦无力，多渴多饮，因此名为消渴。消渴病是中国传统医学的病名，是指以多饮、多尿、多食及消瘦、疲乏、尿甜为主要特征的病症。《素问·奇病论》：“肥者令人内热，甘者令人中满，故其气上溢，转为消渴。”在世界医学史中，中医学对本病的认识最早，且论述甚详。消渴之名，首见于《素问·奇病论》。根据病机及症状的不同，《黄帝内经》还有消瘅、膈消、肺消、消中等名称的记载。

消渴是一个独立的症候，《黄帝内经》中称本病为“消瘅”、“鬲消”、“肺消”、“消中”，提示本病与多脏器有关系，主要涉及西医学之糖尿病。消渴有上、中、下三消之分，上消属肺，以口渴多饮为主症。中消属胃，以多食善饥为主症。下消属肾，以多尿为主症。消渴病有富贵病之称。在中国古代老百姓很少得，都是富贵人家得此病。吃得太好，不能消化，就会变成内热，进而出现消渴症状。

隋代医学著作《诸病源候论》在防治糖尿病的叙述中指出了运动与进餐时间安排的问题：“先行一百二十步，多者千步，然后食。”不仅提出了通过运动和饮食来治疗消渴的方法，而且首次说明了运动量和吃饭时间的关系。一千多年后的今天，全世界所有的糖尿病康复指南都把运动治疗和饮食治疗作为优先手段。《备急千金要方》卷二十一中，孙思邈不但对消渴病有详细的观察和描述，而且对其并发症如肺部感染、心血管病等也有详细论述。其中收载治疗此病的方剂有75付，药物达129种，可见他对此病有较深的研究。消渴病是一种全身慢性代谢性疾病。治疗药方有黄连丸，由黄连、生地黄组成，研末制蜜丸服，有清热泻火、生津止渴的作用。而他药方中，以栝楼根、地骨皮、生石膏、黄芪、麦冬、茯苓等药材出现频率最高，对后世治疗糖尿病的组方用药产生了深远影响。

司马相如与卓文君

历史上，如汉武帝、武则天、慈禧都得过消渴病，而另一位著名的消渴患者则是司马相如，留下“文园病渴”的典故。《史记 · 司马相如列传》云:“相如口吃而善著书，常有消渴疾。”口吃尽管对人的整体形象有所影响，但对人的生命安危并无大碍，而消渴疾，截至目前，仍没有任何方法能治愈。对于两千多年前的司马相如来说，无论是在肉体上还是精神上，都是一种折磨，司马相如最终也因此而病故。

癌

中药抗癌

癌，在宋代医书《卫济宝书》中已经有记载，那时候写作喦，是岩的异体字。1264 年，医家杨士瀛在《仁斋直指方论（附补遗）》中则最早对“癌”的特征作了简明叙述。岩证，后来因为与“炎症”同音，所以才改为今天的读音。当肿瘤发展到恶性阶段时，质地坚硬，部位固定，好像岩石一样，所以从读音上也被称为岩。而古时候的岩字，一般都写成喦，喦字再加上病旁，就成为癌字。

癌症是一种常见病，除了毛发和指甲外，可发生在人体各部位，中年是发病的高峰期。根据有关资料显示，只有十分之一的老年人死于癌症，而中年人的死亡原因中，癌症占了五分之一。

癌症严重威胁着人们的生命与健康。据世界卫生组织报道：全世界各种癌症患者已超过 4 000 多万，其中每年因癌症死亡人数达 600 万以上。我国每年因癌症死亡人数达 130 万，现有癌症患者高达 200 万，并以每年 3% 的速度递增。

瘫痪

瘫痪，又称麻痹，原来写作摊缓，之后加上疒字框，逐渐形成固定的字形：瘫痪。瘫从疒，从难，难亦声。“难”指折翅的鸟，引申指不能动弹。疒与难组合表示肌体不能动弹。痪，《正字通》：“痪，瘫痪，四体麻痹不仁，皆因风寒暑湿所致。”瘫痪是指人体某一部分运动功能的减弱或丧失，因严重程度不同，可分为完全瘫痪和不完全瘫痪。一侧上肢或下肢运动功能丧失，称单瘫；一侧上下肢运动功能丧失，称偏瘫；两下肢运动功能丧失，称截瘫；两侧上下肢运动功能丧失，称四肢瘫。

在中医古籍中虽然没有“脑瘫”这一病名，但对于“脑瘫”临床表现的认识相对于西医而言具有更悠久的历史。中医根据脑瘫的症候特点将其归属为“五迟”、“五软”、“五硬”、“胆怯”

的范畴。“五迟”的文献记载最早见于《颅囟经》。五迟就是立迟、行迟、发迟、齿迟、语迟，与脑瘫之发育迟缓相似。

偏瘫是瘫痪疾病中最常见的一种症候。传统医学称之为“偏枯”、“半身不遂”，由于脏腑阴阳严重失调、气血运行失常，加上阴亏于下，肝阳亢盛于上；血随气逆，夹痰夹火而形成瘀血上冲于脑，蒙蔽心神、横窜经脉所造。正气亏虚而瘀血阻滞肢体脉络，致脉络失养，出现半身不遂。

二、诊疗与汉字

（一）诊断方法及相关汉字

望闻问切之说，源于《难经》第六十一难：“望而知之谓之神，闻而知之谓之圣，问而知之谓之工，切脉而知之谓之巧。”最早使用四字连称，则应出于《古今医统》：“望闻问切四字，诚为医之纲领。”望、闻、问、切四个汉字，是对传统医学诊疗技术的概括。从上古开始，一直流传到今天，把患者放在中心的地位，处处为患者着想，体现出以人为本的精神，颇有人文医学的特色。

望

望，《说文解字》：“出亡在外，望其还也。从亡，望省声。”望的本义是远看，引申到诊断方法上，就是望诊。望诊，是对病人的气色、神态、舌象等有目的地进行观察，以测知内脏病变与否。《灵枢·本脏篇》云：

“视其外应，以知其内脏，则知所病矣。”

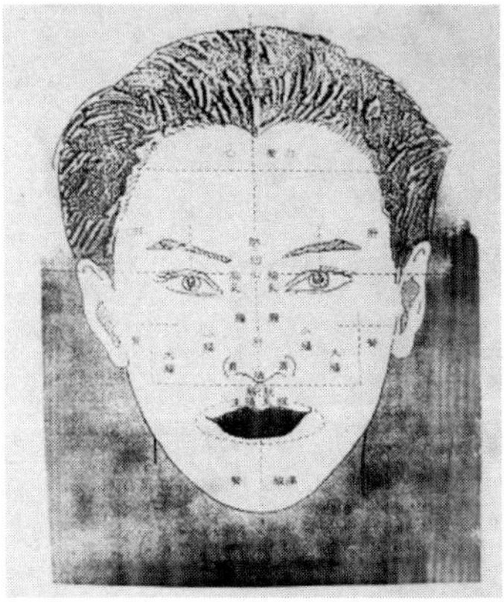

颜面望诊

望诊分为整体望诊和局部望诊，具体有望神、望面色、望舌、望排出物、望小儿指纹等内容。望诊的重点在望神、望面色和舌诊。历代医家重视望诊，在实践中积累了丰富的经验。

关于望诊，有一个众所周知的故事：扁鹊初次觐见蔡桓公时，通过望诊判断出桓公有病，但是病位还只是在体表腠理。他劝蔡桓公接受治疗，如不治，病情将会加深。桓公因自我感觉良好，拒绝治疗。不久，扁鹊又觐见桓公，指出其病情已加重，病位已进展到血脉，再次劝说其接受治疗，以免延误病情。桓公仍然拒绝治疗，而且心中不悦，认为扁鹊在炫耀自己，并以此牟利。当扁鹊第三次觐见桓公时，认为病情已恶化，病位已经进入到内部肠胃，如不及时治疗，终将危及生命。桓公仍不予理睬。最后一次，扁鹊通过望诊，判断桓公病情危重，已进入到骨髓深处，无法救治。果然不出所料，蔡桓公不久即发病，最终不治而死。这个故事说明扁鹊已经能够很好地应用望诊，而且诊断水平很高。

闻

闻，《说文解字》：“知闻也。从耳，门声。”闻的字形变化较大，在甲骨文中像是掩住一个耳朵，露出一个耳朵，表示集中注意力听；小篆“闻”字表示从门里听外面的动静，引申到中医里，指的就是闻诊。

闻诊，就是医生通过听觉和嗅觉，了解由病体发出的各种异常声音和气味以诊察病情的方法，包括听声音和嗅气味两方面的内容。由于人体发出的各种声音和气味均是在脏腑生理和病理活动中产生的，因此声音和气味的变化能反映脏腑的生理和病理变化，在临床上可推断正气盛衰和判断疾病种类。

听声音是指诊察病人的声音、语言、呼吸、咳嗽、呕吐、呃逆、嗳气、太息、喷嚏、肠鸣等各种声响，主要是根据声音的大小、高低、清浊，区别寒热虚实，如太息多与肝郁有关。嗅气味可分病体和病室两方面。病体的气味主要是由于邪毒使人体脏腑、气血、津液产生败气，以致从体窍和排出物发出。据此，可辨脏腑气血的寒热虚实及邪气所在。通常，凡酸腐臭秽者，多属实热证；无臭或略有腥气者，多属虚寒证。病室气味，则是由病体及其排泄物气味散发的，如瘟疫病人室内有霉腐臭气。

能够通过声音辨别疾病的医生必然具有相当高明的医术，例如声低息短，少气懒言，这是中气虚损象征。故《素问·脉要精微论》云："言而微，终日乃复言者，此气夺也。"明代周于蕃对以声辨病有着宝贵的经验，如："言迟者风，言急者火，声高而响者，主内热外达。"尤其是幼儿患者不能言语，闻诊更加重要。《史记·扁鹊仓公列传》："来入咸阳，闻秦人爱小儿，即为小儿医。"小儿医，就是今天的儿科医生。

问

问，《说文解字》："讯也。从口，门声。"问的本义是审讯，引申为所有的询问。在与病人的接触中，医生要做的就是问诊。问诊，就是通过询问病人或其家人，了解疾病的发生、发展、以往治疗、现在症状以及其他有关的情况，以诊察疾病的办法。明代张景岳《景岳全书·十问篇》较全面地归纳了问诊的内容、顺序及其辨证意义。张景岳认为问诊"乃诊治之要领，临证之首务"。问诊是最简便、最直观的诊法，所以长期被运用于临床。

古代许多医家精于问诊，善于从谈话中抓住主要的病况，甚至还没有见到病人，就知道病人的主要病情了。如有一次，扁鹊路过虢国，见到那里的百姓都在举行祈福消灾的仪式，就问是谁病了，有人告诉他，太子死了已有半日了。扁鹊问明了详细情况，认为太子患的只是一种突然昏倒不省人事的尸厥症，致使其鼻息微弱，像死去一样，于是便要求前去察看诊治。这时扁鹊还没有见过太子，仅根据询问的情况和行医的经验，就能断定太子没有死，因此别人听了，大为惊骇。虢国国君知道了，赶紧请扁鹊入内。扁鹊让弟子磨研针石，刺太子的百会穴，又做了药力能入体五分的熨药，用八减方的药混合使用之后，太子竟然坐了起来。调补两天以后，太子完全恢复了健康。从此天下人便传言扁鹊能起死回生，但扁鹊却说，他并不能救活死人，只不过能把活人的病治愈罢了。

切

切，《说文解字》："刌也。从刀，七声。"切就是切分，用刀分割物体，引申为切脉、号脉。《素问·三部九候论》："切而从之。"切脉，是用手按压病人的动脉，根据脉象，以了解疾病内在变化的方法。切脉具有悠久的历史，反映了中医学诊断疾病的特点和经验。由于脏腑发生病变，往往反映于脉，有时在症状还未充分显露之前，脉象已经发生了变化。

脉诊独取寸口的根据，一是肺朝百脉，脉会太渊。人体各经脉均会集于肺，而寸口为手太阴肺经的循行部位，其上之太渊穴，是脉会之处，所以有脉会太渊之说。二是脾胃为脏腑气血之源，脏腑气血之盛衰，与脾胃功能之强弱有着密切关系，而手太阴肺经亦体现中焦脾胃功能之状况。全身脏腑经络气血之盛衰，都可以从寸口脉上反映出来。在公元前5世纪，我国就已经出现了脉诊，并沿用至今，充分证明了其科学性和强大的生命力。

悬丝切脉的传说来自孙思邈。唐太宗的皇后迟迟不能分娩，太医也束手无策。孙思邈是一位民间医生，皇后的凤体，他不能接近。于是他叫来宫娥细问病情，又要来了太医的病历处方。根据这些线索，他基本掌握了皇后的病情。然后孙思邈取出红线，叫采女把线系在皇后右手腕上，隔着罗帐，捏着这条线为娘娘切脉。片刻工夫，孙思邈即对疾病作出了诊断，向太宗禀告说，皇后迟迟不能分娩，只需在中指上微刺一针即可，再吃几服汤药，就能顺利分娩。唐太宗同意他为皇后施针，宫女遵从吩咐，将皇后的左手扶出帐外，孙思邈手持银针，在皇后的中指（中冲穴）上刺拔。针后不久，皇后顺利分娩。孙思邈又为皇后开了药方，皇后服药后，不几日，就能下床走动了。

（二）治疗方法及相关汉字

1. 针灸治疗

针灸分为针术和灸法。针术来自于砭术，砭就是砭石，也叫砭针，也有人称为针石、镵石，主要用来划破痈肿、排脓放血等。把石头磨尖后作用于穴位之上进行治疗，这就是砭的作用。进入夏商周时代，冶炼技术提高了，出现了金属针，砭石才淡出人们的视线。今天砭石已经很少用到了，但在汉语中，还是有“针砭”这一词语。

《说文解字》：“砭，以石刺病也。从石，乏声。”用石器扎穴解乏或者通穴治病叫作砭。在汉代画像石中，有一幅扁鹊针刺图。图中扁鹊被画成为人治病的神鸟，胸以上是人，胸以下是鸟，手中拿着一个棒状物，正在给人治病，这个棒状物就是石针，也就是砭石，说明石针源远流长。

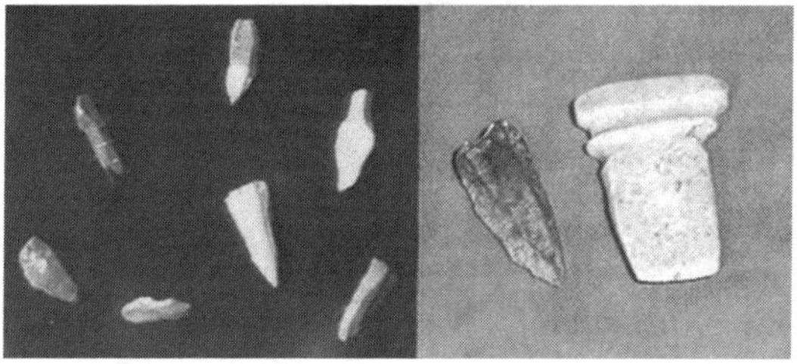

砭石

针

针，《说文解字》：“所以缝也。从金，咸声。”针就是缝衣针，是“鍼”的俗体字。中医的针虽然与常用针不同，但就名称、种类而言没有多大分别。针在上古医疗中有特殊的位置，《黄帝内经》分为《素问》和《灵枢》两部分，《灵枢》又被称为《针经》，专门叙述针理。在古代研究《黄帝内经》的医家中，有的医家对《灵枢》的看重甚至要超过《素问》。针灸看似简单，其实可以治疗上千种疾病，而且对许多疾病非常有效，这也是针灸的魅力所在。"运用之妙，存乎一心"，这话用在针灸上也很合适。

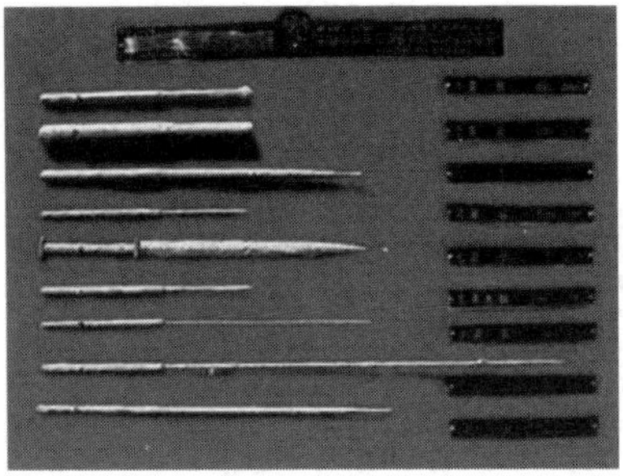

针（仿古九针）

《广雅》："针，刺也。"《三国志·华佗传》："太祖苦头风，每发，心乱目眩。佗针鬲，随手而差。"这里的针，指的就是针刺。曹操患头风病，华佗为他针刺，随手就能治好。针灸使用的针具，自然不可能是一般缝衣的针，由于要求不同，形成了各种用于治病的针。《黄帝内经》有九针，即镵针、员针、鍉（匙）针、锋针、铍针、员利针、毫针、长针和大针。九针各有用途，如果使用不得法，治病就不会有效果。《灵枢·九针十二原》载："九针之名，各不同形。一曰镵针，长一寸六分；二曰员针，长一寸六分；三曰鍉针，长三寸半；四曰锋针 ，长一寸六分；五曰铍针，长四寸，广二寸半；六曰员利针，长一寸六分；七曰毫针，长三寸六分；八曰长针，长七寸；九曰大针，长四寸。”这是对九针形制最早的描述，直到元代杜思敬的《济生拔萃》，才绘成九针图。

中医的针因为用金属做成，所以叫作金针。今天的许多说法，就跟医针有关，如一针见血、顶门一针。这两个成语其实是来自唐代名医秦鸣鹤的故事。唐高宗李治患风眩一病，经常头痛眩晕。针灸名医秦鸣鹤先用针刺两侧太阳穴、风池穴，然后又在头顶的百会穴针刺，施针后在百会穴上挤出瘀血。经数针治疗，唐高宗顿觉头脑清爽，胀痛消失，风眩一症霍然消失。武则天先是反对在天子头上放血，后见治疗有效，转而感谢秦鸣鹤。

灸

灸，《说文解字》：“灸，灼也。从火，久声。”《说文解字》云：“久，以后灸之，象人两胫后有距也。”久字像用艾炷在人后熏灸之形，是一个象形字。因为艾灸治病需要耐性，直到灸处出汗才起到作用，因此又用以指时间长，引申为抽象的时间义。可见久与灸，字义都跟艾灸疗法有关。艾灸就是用燃烧的艾绒熏烤一定的穴位，来达到治疗的效果。《孟子 · 离娄上》有“七年之病，求三年之艾也”的说法，《睡虎地秦墓竹简》：“其腹有久故瘕二所。”

宋代窦材《扁鹊心书》说到养生之法，认为保命之法，灼艾第一；明代李梴《医学入门》也认为每年四季各灸一次，就可以保证元气稳固，百病不生，可见古人对艾灸的重视程度，灸法被看作养生、治疗兼备的方法。

针灸通常连用，因为针刺之后，还要辅助以灸法，这样才可以巩固疗效，防止复发。前面提到华佗给曹操治疗头风病，每次都能治好，但就是会复发，曹操认为华佗故意留一手，不治愈他，最终发怒杀了华佗。就事理而言，曹操猜测的这种可能还是存在的，如果华佗针刺之后加上灸法治疗，效果就会大不一样。

艾灸图（宋·李唐）

灸法也有各种名称，可以分为直接灸法和间接灸法，还有天灸和自灸。今天能够看到的，以天灸为多。天灸包括三伏天天灸与三九天天灸，分别在夏冬季节进行，但是常见的为三伏天天灸。三伏天天灸即在三伏天时进行天灸治病的方法。根据所要预防的疾病，在对应部位贴上中药，以达到灸治的效果。

台北故宫博物院收藏有一幅李唐的传世作品《艾灸图》。《艾灸图》描绘的是古代农村治病的场景：在路边树荫下，一个驼背的郎中，手持艾条，在患者背后施灸。病人坐在地上，裸露着上身，表情痛苦。他的手脚被人抓住不能动弹，旁边的人都面露同情之色。李唐生活在南北宋之际，这幅作品真实反映了当时的民风民俗。

2. 其他治疗方法

熨

熨（yù）是形声字，从火，尉声，本指加热金属用来使衣物平贴，引申到医学中就是热敷。《韩非子·喻老》："汤熨（wèi）之所及。"《康熙字典》："熨，谓毒病之处，以药物熨帖也。"熨就是把物体或药物加温，趁热敷于体表的一种治病和保健方法。1964年在湖南长沙下麻战国墓出土的砭石，据考证为用于熨法的原始工具。可见当时人们已能借助热熨法来进行医疗和保健。热敷治疗在历史上不断发展，有药熨、汤熨、酒熨、铁熨、葱熨、土熨等方法。

在原始社会，人们就知道利用兽皮、树皮，包裹烧热的石块沙土，贴敷于受凉的地方驱散寒邪来止痛。《史记》记载扁鹊为虢太子治疗，就是针熨并举，即针刺和药物热敷并用。此后，历代医书都有关于热敷治疗的记载。热敷操作方法简单，见效很快，取材方便，普通人都可以学会，因此在民间应用广泛。

热敷

有一些简易的热敷方法，自古至今都在流传，如《诸病源候论》记载：用双手掌面相对摩擦，搓热后，将手掌放于两眼之上；稍后再搓热双手，放于眼上。这样反复做几次后，用手指轻轻按压眼球，稍停片刻。常做熨目，可以缓解眼睛疲劳，使两眼明亮、炯炯有神。

中药热敷方法简单，易于操作，患者可在家自行治疗。患者可直接将草药放入大盆内煎煮，煮好后可先用热蒸汽熏蒸患处，待温度下降至适中时，用毛巾蘸取药液敷于患处，或直接将装药的口袋敷于患处。中草药热敷可保证治疗效果，避免给患者增加不必要的痛苦。

角

拔罐，古代叫作角。拔罐法又名“火罐气”、“吸筒疗法”，古称“角法”。角本来指牛羊等畜生的角，最初使用拔罐时，是用牛羊等的角作为吸筒，因此叫角法，以后当作吸筒的工具逐渐多样化。所谓拔罐法是一种以杯罐作工具，借热力排去其中的空气产生负压，使之吸着于皮肤上，造成瘀血现象的一种疗法。古代医家在治疗疮疡脓肿时常用这种方法来吸血排脓，后来又扩大应用于肺痨、风湿等内科疾病。新中国成立以后，由于不断改进方法，拔罐疗法有了新的发展，进一步扩大了治疗范围，成为针灸治疗中一种重要的疗法。

角法图

拔罐疗法可以逐寒祛湿、疏通经络、行气活血、消肿止痛、拔毒泻热，从而达到扶正祛邪、治愈疾病的目的。此疗法还具有调整人体阴阳平衡、解除疲劳、增强体质的功能，许多常见疾病都可以用拔罐方法进行治疗，如急慢性支气管炎、颈椎关节痛、消化不良、神经性疼痛、高血压、发烧感冒等。

拔罐是一项专业的中医理疗方法，既要熟知穴位，又要掌握手法，最好由具备中医行医执照的医生进行。如果没有经过系统学习和训练，随意对患者进行拔罐治疗，可能会对其身体造成一些伤害，如烫伤、损伤皮肤、引起疼痛甚至加重病情。据了解，很多医院都曾接诊过不少类似病例，轻者烫出水疱，严重的甚至造成大面积烧伤。

国内外学者研究发现，人体在火罐负压吸拔的时候，皮肤表面有大量气泡溢出，抽气拔罐从而加强局部组织的气体交换。通过检查也观察到，负压使局部的毛细血管通透性发生变化，少量血液进入组织间隙，从而产生瘀血，红细胞受到破坏，血红蛋白释出，出现自家溶血现象，在机体自我调整中产生行气活血、舒筋活络、消肿止痛、祛风除湿等功效。

三、药剂与汉字

华夏先民在与疾病斗争的过程中，逐步形成了原始的医学。最初的医学治疗方法单一，主要是使用针灸和单味药物进行治疗。针灸和草药在我国传统医学中，不仅历史久远，而且得到不断的发展。时至今日，传统医学，也就是人们经常说的中医，是世界传统医学中保存得最完整的，也是发展得最好的。中国人之所以被称为炎黄子孙，是因为我们有共同的祖先，那就是黄帝和炎帝，而他们也是传统医学的创始人。相传黄帝创立医学，炎帝也就是神农氏遍尝草药，知其药性。后世流传的医学典籍中，《黄帝内经》和《神农本草经》分别以他们的名字命名，虽然假托的成分比较大，但也说明了炎帝和黄帝与传统医学有着密不可分的关系。《黄帝内经》着重记载医理和针灸，而《神农本草经》则是最早的本草专书，备受学医者重视。《礼记》有云："医不三世，不服其药"，就是说一个医生不熟悉三世之书，病人就不可以服用他的药物。这个"三世之书"，就包括《黄帝内经》和《神农本草经》，另外加上《素女脉诀》，可见这三种书在上古时代的人们心中有着崇高的地位。

（一）药物及相关汉字

药

药是形声字，繁体写作“藥”，从艸，乐声。《说文解字》：“治病草也。”《周礼·天官·疾医》：“以五味、五谷、五药养其病。”郑玄注：“五药：草、木、虫、石、谷也。”

各种草药

寻找药物和寻找食物的过程密不可分。经过长期的实践，人们逐渐懂得区分可以食用的东西与不可以食用的东西。患病时，人们更是有意识地寻找某些能治病的植物，这样药物就出现了。鲁迅先生在《南腔北调集》中说道：“大约古人一有病，最初只有这样尝一点，那样尝一点，吃了毒的就死，吃了不相干的就无效，有的竟吃到了对症的就好起来了。于是知道这是对于某一种病痛的药。这样的积累下去，乃有草创的记录，后来渐成为庞大的书，如《本草纲目》就是。”鲁迅的这段话，就是对人类发现药物的生动描述。

传统医药起源于劳动和生活实践，人们在和疾病作斗争的过程中积累了丰富的经验，正是这些早期经验，为以后中医药的形成奠定了基础。

药物知识的流传，最初靠口耳相授。有了文字以后，可以用文字形式记录下来。最早的“药”字见于金文，《说文解字》训释为“治病草也”，明确提出了“药”就是治病之物。

古代的药物学也叫作本草学，《神农本草经》是传世最早的本草书，唐代的《新修本草》则是我国第一部国家药典。此后本草书籍不断问世，本草所载基本上都是单味药物。在这些本草书籍中，可以看出药物名称的历史变化。在先秦以前大体采用单个汉字表示，中古以后基本以双音节词为主，而且各种别名日趋繁多，这是由于汉族文化不断深入拓展，广泛吸收各种区域名称造成的。虽然药物名称容易使人混淆，但只要抓住汉字这个源头，就可以轻松地把各种名称理顺。我们就从汉字出发，来领略其中隐藏的药物知识和文化内涵。

萴

萴（cè），《说文解字》：“萴，乌喙也。从艸，则声。”乌喙就是附子的一种，后来叫侧子，因生在附子之侧，故名侧子。《玉篇》：“萴子，药名。一岁为萴子，二岁为乌喙，三岁为附子，四岁为乌头，五岁为天雄。”

附子始载于《神农本草经》，列为下品。正者为乌头，两歧者为乌喙，细长三四寸者为天雄，根旁如芋散生者为附子，旁连生者为侧子，五物同出而异名。今天最常使用的是附子。

附子补火助阳，散寒止痛，为回阳救逆第一品药。常用于阴盛克阳、大汗亡阳、肢冷脉微、风寒湿痹、阴寒水肿以及一切沉寒痼冷之疾。生附子的毒性很大，制附子是生附子经过一定的程序炮制而成的，其毒性已经远小于生附子。为慎重起见，还是建议先煎60分钟。附子含有毒性成分乌头碱，主要对心肌、迷走神经、末梢神经有兴奋麻痹作用，中毒症状如舌尖麻木、肢体麻木、有蚁走感、恶心、呕吐等，严重的甚至危及生命，使用时必须适量。

附子原植物

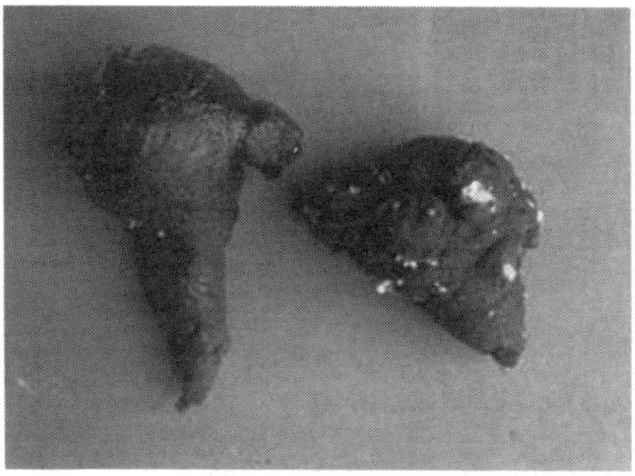

药材附子

藇、蕮

藇（yú）、蕮（xiě），《尔雅·释草》："藇，蕮。"郭璞注："今泽蕮。"也就是泽泻。"藇"、"蕮"是表示"泽"、"泻"的最古的两个汉字。泽泻为沼泽生草本植物，夏季开白花。药用为泽泻的干燥块茎，性味甘、寒，能利水消肿，用于利尿，清湿热。

泽泻始载于《神农本草经》，列为上品。《本草图经》云："今山东、河、陕、江、淮亦有之，以汉中者为佳。春生苗，多在浅水中，叶似牛舌草，独茎而长，秋时开白花，作丛似谷精草。五月、六月、八月采根阴干。今人秋末采，曝干用。此物极易朽蠹，常须密藏之。"现今所用泽泻以福建产为优。泽泻在中医方剂中经常使用，如五苓散。《本草衍义》云："其功尤长于行水。张仲景曰：水蓄渴烦，小便不利，或吐或泻，五苓散主之。方用泽泻，故知其用长于行水。"因此泽泻被称为祛湿之圣药。

泽泻是利尿、清湿热、治疗心血管病的重要药物，除临床配方外，泽泻还是生产附子理中丸、六味地黄丸、肾气丸、滋阴降火丸、济生肾气丸、七味都气丸等几十种药品的重要原料，其疗效显著，日益受到国内市场的青睐。

泽泻原植物

药材泽泻

葶

葶（diǎn）是形声字，从艸，单声，《尔雅·释草》："葶，葶苈。"郭璞注云："实叶皆似荠，一名狗荠。然则狗荠即是葶苈矣。"葶苈为原野杂草，植株矮小，丛生，三月开黄色小花，四月结子。种子黑褐色，叫葶苈子，可做药，有利尿消肿、祛痰定喘的功效。

在《本草纲目》里，葶苈有苦葶苈和甜葶苈之分，北方葶苈为苦葶苈，江南一带的葶苈则为甜葶苈。《伤寒杂病论》中记载，承气汤用大黄，而陷胸汤用葶苈，大黄和葶苈都有泻下之力，但大黄从中焦开始，而葶苈则从上焦开始，因此有泻肺之功。葶苈出自《神农本草经》，此后历代本草均有记载，许多医家都论述到葶苈的功用。

葶苈可治疗水肿尿涩，《本草纲目》引《梅师方》云：用甜葶苈二两，炒为末，以大枣二十枚，水一大升，煎一小升，去枣，入葶苈末，煎至可丸如梧子大。每饮服六十丸，渐加，以微利为度。甜葶苈辛苦大寒，入肺而兼入膀胱。其性急速，下气定喘，喘鸣水气喷急者，非此不能除泻表气分湿热专药。

葶苈子原植物

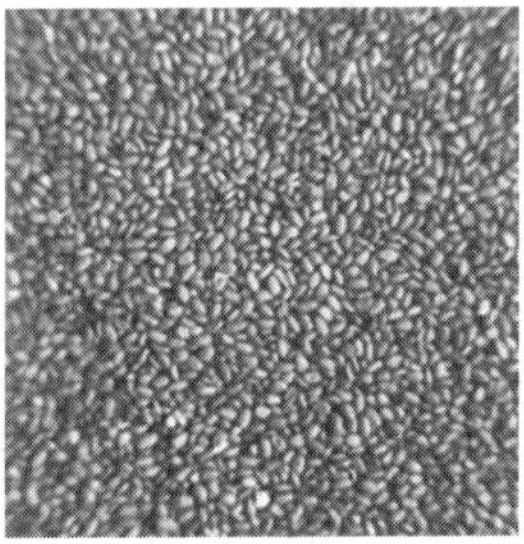

药材葶苈子

芣苢

芣苢（fú yǐ），《尔雅 · 释草》：“芣苢，马舄；马舄，车前。”郭璞注：“今车前草，大叶长穗，好生道边。”车前草的全草和种子都可以入药。车前草是利水渗湿药，有清热利尿、渗湿止泻、明目祛痰的功效。主治小便不利、淋浊带下、水肿胀满等症。

“芣苢”也可以写作“芣苡”，《诗经 · 周南 · 芣苡 》：“采采芣苡，薄言采之。采采芣苡，薄言有之。”诗里描写一些妇女在采车前草。车前草南方习见，初春生苗，五月可以采草，七八月结子。据闻一多先生对《诗经》的考证，当时流传车前草宜子的说法，妇女食之则多生子，因此采车前草也成为一种习俗。

车前草入药的来历，民间传说与汉朝名将马武有关。一年夏天，马武打了败仗，部队到了荒野，人马死了许多，剩下的也因为缺水，得了膀胱湿热症，小肚子发胀，不光人尿血，就连马也尿血。在大家不知所措的时候，一天，马夫忽然发现有几匹马不尿血了，而且精神多了。寻找原因，马夫发现，几天来这几匹马一直在吃一种猪耳形的野草。马夫猜想这种草也许能治尿血症。他拔了许多猪耳草煎汤，吃了几天，小便果然正常了。马夫急忙把此事禀告马武。马武大喜，传令全营拔草煎水，供人喝、给马饮。几天过后，全营人马的“尿血症”都治好了。因为这种草就长在马车旁边，因此取名为车前草。

车前草原植物

药材车前草

蕺

蕺（jí），《广雅·释草》："蕺，蕺也。"蕺菜，就是鱼腥草，因其有鱼腥味而得名。《唐本草》对鱼腥草记载比较详细。

鱼腥草为蕺菜的水上干燥部分，产于我国长江流域以南各省，名称始见于南朝陶弘景的《名医别录》。苏颂《本草图经》云："生湿地，山谷阴处亦能蔓生，叶如荞麦而肥，茎紫赤色，江左人好生食，关中谓之菹菜，叶有腥气，故俗称鱼腥草。"

据宋代王十朋《会稽赋》所言，当年越王勾践战败，做了吴王夫差的俘虏，勾践忍辱负重，百般讨好夫差，方被放回越国。勾践回国的第一年，越国碰上了罕见的荒年，百姓无粮可吃。为了与国人共渡难关，勾践到处寻找可以食用的野菜，终于在蕺山上发现了蕺菜，它不但可以食用，而且生长能力特别强，总是割了又长，生生不息。于是，越国上下竟然靠着这种野菜渡过了难关。因为这种野菜有鱼腥味，因此被勾践命名为鱼腥草。

鱼腥草入药有清热解毒、消痈排脓、利尿通淋的作用，在我国传统医学中应用广泛。例如与芦根、桔梗、栝楼等同用，可以治疗肺脓肿，痰热喘咳；与野菊花、蒲公英、金银花等同用，可以治疗热毒疮疡，亦可单用鲜品捣烂外敷。

鱼腥草别名侧耳根、猪鼻孔等，也有普遍的食用价值，凉拌鱼腥草是民间的一道传统佳肴。

鱼腥草原植物

药材鱼腥草

蓡

蓡（shēn），本作蓡。《说文解字》："人蓡，药草，出上党。"也就是今天的人参。人参，多年生草本植物，喜欢阴凉、湿润的气候，生长于山地缓坡或斜坡的树林中。根部肥大，形若纺锤，颇似人形，因此称为人参。古代人参的名称有地精、神草等。人参有百草之王的美名。

人参为第三纪孑遗植物，初夏开黄绿色小花，果实呈扁圆形。人参是珍贵的中药材，在中国药用历史悠久。但是历史上的上党人参早已经消失，今天的党参已经不是古代的人参，连东北的野生人参也已经濒危。

先秦书籍并无人参的记载，汉代谶纬方士开始神化人参，把人参当作神草。《神农本草经》首次将人参收进药物之中，张仲景《伤寒杂病论》中有一些方剂也使用到了人参。人参被称为百草之王、众药之首是明代的事情。明代温补之说盛行，连《本草纲目》对人参也是推崇备至，治疗虚症必用人参，人参身价百倍，中原地区的人参被搜刮一空。清代时期人们对人参狂热依旧，到了今天，连俄罗斯的人参都被挖得差不多了。鉴于人参难以寻求，人们又热衷于寻找人参的替代品，从而使得西洋参的身价也扶摇直上。

人参原植物

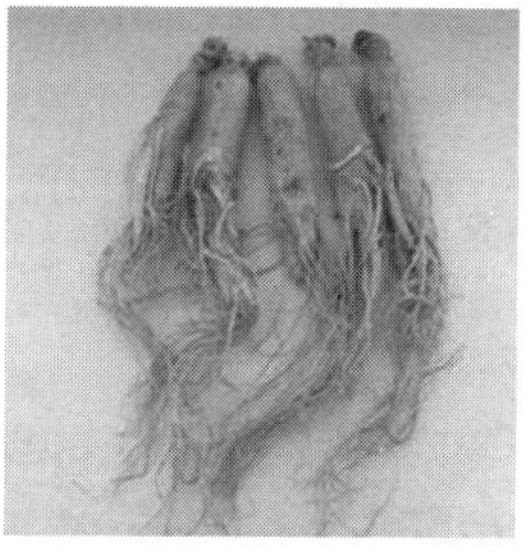

药材人参

荵

荵（rěn），《说文解字》："荵，荵冬草。从艸，忍声。”葱冬草，就是忍冬藤，忍冬的花蕾就是今天说的金银花。金银花的名称最早出现在南宋的《履巉岩本草》中，这是一部地方性本草书，该书下卷中载有“鹭鸶藤，性温无毒，治筋骨疼痛，名金银花”。

忍冬的花蕾和初开的花名为金银花，带叶的茎枝名忍冬藤，花蕾和带叶的茎枝均供药用。忍冬入药，始见于梁代《名医别录》，开始用的是茎枝及叶，也就是忍冬藤。金银花虽然载于《履巉岩本草》，但要到明代后才开始被推广使用。

宋代张邦基《墨庄漫录》记载：崇宁年间，平江府天平山白云寺的几位僧人，从山上采回野蘑菇煮食。不料野蘑菇有毒，僧人吃完之后就开始上吐下泻。其中三位僧人由于服用鲜品金银花解毒，最后平安无事，而没有服用金银花的僧人则全部死亡，足见金银花具有非常明显的解毒功效。关于金银花的传说有很多，各地的说法也不一样，但有一点可以肯定，金银花的药用价值是民间发现的，最初属于民间药物，后来才被医家采用，并且得到广泛使用。

金银花原植物

药材金银花

蓪

蓪，即蓪草，同“通草”，亦称通脱木，一种小乔木，茎髓白色，可入药。通草的药用部分为通脱木的茎髓，归肺、胃经，清热利水，通乳，用于治疗淋症涩痛、水肿、黄疸、湿温病等。由于有下奶的作用，民间常用通草鲫鱼汤来帮助产后妇女在哺乳期催乳下奶。

通脱木为常绿灌木或小乔木，不分枝，茎髓大，白色；树皮深棕色，略有皱裂；新枝淡棕色或淡黄棕色，有明显的叶痕和皮孔。花期为 10 ~ 12 月，果期为次年的 1 ~ 2 月。

通草除了药用价值，也有别的用途。在清代道光年间，广东民间有人把通脱木树心切成薄片，代替纸张，在上面创作水彩画，形成了闻名遐迩的通草画，在国外也很有影响。

通草原植物

药材通草

菣

菣（qìn），《说文解字》："菣，香蒿也。从艸，臤声。"《尔雅·释草》："蒿，菣。"郭璞注："今人呼青蒿香中炙啖者为菣。又荆楚间谓蒿为菣。"菣也就是青蒿。青蒿茎叶可入药，是一种可以控制疟疾的草本植物。

青蒿治疗疟疾，是我国传统医药对世界的极大贡献。《五十二病方》中最早记载青蒿，距今2 000余年；葛洪《肘后备急方》中青蒿治疗疟疾的记录距今也有1 700多年。中国科学家1972年从中药青蒿中分离得到抗疟有效单体，命名为青蒿素。2011年9月，中国女药学家屠呦呦因创制了新型抗疟药——青蒿素和双氢青蒿素，获得拉斯克奖。这是中国生物医学界迄今为止获得的最高的世界级大奖。

青蒿为一年生草本，全株黄绿色，有臭气。茎直立，多分枝。世界绝大多数地区青蒿中的青蒿素含量都很低，无利用价值，目前只有中国重庆酉阳地区武睦山生长的青蒿才具有工业提炼价值。

青蒿原植物

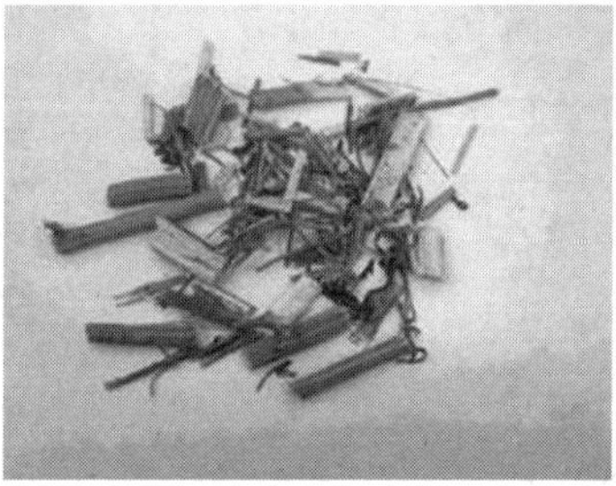

药材青蒿

蘹

蘹（huái）是古字，上下结构，从草从怀，北方人念作茴。蘹，即蘹香，也就是今天说的茴香。它是一种草本植物，茎叶嫩时可食，籽实入药。但食茴香会损伤视力，不宜短期大量使用。《中国药典》记载，茴香制剂是常用的健胃散寒、行气止痛药物，茴香也是治疗疝气的良药。

茴香是外来药物，在埃及、希腊、罗马的古史中，都有茴香的记载，后来经过丝绸之路引入中国。在我国的文献中，茴香始见于《唐本草》，甄权《药性论》中也有记载。宋代药物学家苏颂谓当时入药多用番舶者，就是市肆之所谓八角茴香，也就是大茴香，但现今用药，多用小茴香，大茴香只适合作调料之用。

茴香为多年生草本，全株有特殊香辛味，表面有白粉。夏季开黄色花，果实椭圆形，喜温暖，适合在砂壤土中生长，忌在黏土及过湿之地栽种。春秋均可播种，各地都能栽培，适应性较强。药材茴香是干燥的果实，呈小圆柱形，两端稍尖，表面黄绿色。气芳香，味甘微辛。以颗粒均匀、饱满、黄绿色、香浓味甜者为佳。

茴香原植物

药材小茴香

葍

葍（fù），《说文解字》："盗庚也。从艸，復声。"《尔雅 · 释草》："葍，盗庚。"郭璞注："旋葍，似菊。"今天名为旋覆花。旋覆花为菊科多年生草本，分布广泛，主产于河南、河北、江苏、浙江等地。旋覆花夏、秋两季花开时采收，除去杂质，阴干或晒干。

有一些关于旋覆花的有趣传说。旋覆花的形状像金钱，因此被古人称作金钱花。唐代诗人皮日休有"金钱花"诗云："阴阳为炭底为炉，铸出金钱不用模。"《花史》记载，有位诗人外出郊游，见旋覆花大开，就以金钱花为题吟诗。不觉入梦，梦中一女子抛给他许多钱，并笑曰"为君润笔"，诗人醒来，只摸得怀中一把金钱花。从此，人们又称旋覆花为润笔花。

旋覆花为常用中药，中医常用于祛痰。《神农本草经》："旋覆花味咸温。一名金沸草。生川谷。"花体多轻，偏于上行，唯此花特殊，反而下降，主下气开结行水，用于痰多胶粘咳不出，胸腹水饮胁痛满等症。

旋覆花原植物

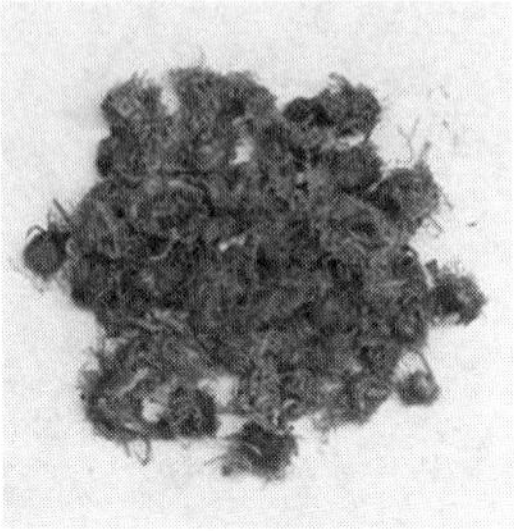

药材旋覆花

蘞

蘞（liàn），《尔雅·释草》："蘞，菟荄。"《玉篇》："蘞，白蔹也。"蘞就是今天的中药白蔹。白蔹出自《神农本草经》。《本草衍义》云："白蔹、白芨，古今服饵方少有用者，多见于敛疮方中，二物多相需而行。"白蔹根呈卵形块状，块根粗壮，肉质，数个相聚，可作药用，春、秋二季采挖，除去泥沙及细根，切成纵瓣或斜片，晒干，可以清热解毒，消痈散结。

白蔹的果实白蔹子，也是一种植物药材，主治温疟，主寒热结壅热肿。白蔹成熟果实，去种子，研成粉末，外敷伤处，可以止血消肿。

另外，白蔹具有很好的美白作用，将白术、白芷、白芨、白蔹、白茯苓、白芍六种粉药和珍珠粉按一定比例混合在一起，就成为古今流行的美容方剂，对于消除皮肤斑点有明显的效果。

白蔹原植物

药材白蔹

苄

苄（hù），就是地黄。《说文解字》："苄，地黄也。从艸，下声。"地黄作为药物，在《神农本草经》中就有记载。中药有四大天王之说，即补气的人参、导泻的大黄、补血的地黄和温阳的附子，可见地黄被推崇的程度。

地黄为多年生草本植物，野生于山坡及路旁荒地等处，因其地下块根为黄白色而得名地黄。其根部为传统中药之一，最早出于《神农本草经》。地黄依照炮制方法在药材上分为鲜地黄、干地黄与熟地黄，同时药性和功效也有较大的差异。鲜地黄为清热凉血药，干地黄为滋阴养血药，熟地黄则为补益药。

清代赵瑾叔《本草诗》：“地黄气禀仲冬行，怀庆携来大有名。温可养荣宜用熟，寒能凉血只宜生。拌同姜酒脾无泻，食共萝卜发变更。四物为君八味首，九蒸九晒制须精。”怀庆就是今天河南的焦作。怀庆地黄即怀地黄，是四大怀药之一。

民间流传着关于地黄的传说，唐朝时，有一年瘟疫流行，无数百姓丧命，县太爷到神农山药王庙祈求神佑，得到了一株根状的草药。送药人将此药称为地皇，意思是皇天赐药，并告诉县太爷神农山有许多这种药。县太爷就命人上山采挖，最后凭此药解救了百姓。瘟疫过后，百姓把这种药引种到自家土地里，因为颜色发黄，百姓便把地皇叫成地黄。

地黄原植物

药材干地黄

莶

莶（qín），《说文解字》：“莶，黄莶也。从艸，金声。”莶同芩，就是今天的黄芩。芩字本义为止血草。黄芩是一种草本植物，根黄色，可入药，有清热燥湿、凉血安胎、解毒的功效，主治温热病、上呼吸道感染、肺热咳嗽、湿热黄胆、胎动不安、痈肿疖疮等症。《本草图经》：“张仲景治伤寒心下痞满，泻心汤四方皆用黄芩，以其主诸热，利小肠故也。又，太阳病下之利不止，有葛根芩连汤；及主妊娠安胎散，亦多用之。”黄芩本是芩草，因草色黄而有俗名“黄芩”。

黄芩生于山顶、山坡、林缘、路旁等向阳较干燥的地方；喜温暖，耐严寒，成年植株地下部分可忍受低温；耐旱怕涝，地内积水或雨水过多，排水不畅的地方，不适合种植黄芩。黄芩在临床应用上已有 2 000 多年的历史。现在仍然是清热燥湿、泻火解毒的要药。除中医配方外，大量用作中成药原料。

李时珍在《本草纲目》里记载了他永生难忘的一件事。他在 20 岁的时候，因日夜苦读，身患伤风，开始仅有点咳嗽，渐渐地觉得皮肤灼热如同火烧火燎，咳嗽不止，痰涎增多。拖到夏天，更是烦热口渴，睡不好觉，吃不下饭。他给自己开了不少药方，一个多月过去了，仍不见效。李时珍连自己的病也治不好，好不心酸。李时珍的父亲李言闻也是位名医。他听说儿子病了，便前往诊病，给他开了单味黄芩煎汤，李时珍用一两黄芩，加半升水，煎汤，一次服下。很快，全身热度消退，咳止痰尽。

黄芩原植物

药材黄芩

莔

莔（méng），《说文解字》："莔，贝母也。从艸，明省声。"《尔雅》亦云莔即贝母，郭璞云："根如小贝，圆而白华，叶似韭。"贝母的鳞茎可以入药。《诗经》作"蝱"（音"盟"），《鄘风·载驰》："陟彼阿丘，言采其蝱。"毛亨传云："蝱，贝母也。"

贝母为多年生草本植物，鳞茎可入药，有止咳化痰、清热散结之功。按照产地和品种，贝母可分为川贝母、浙贝母和土贝母三大类。川贝母因主产于四川而得名，但在西藏、甘肃、新疆、华北、东北均有出产。浙贝母因主产于浙江而得名，简称浙贝。由于原产地为浙江象山，又称象贝母，简称象贝。因其外形较川贝大，故又称为大贝母，简称大贝。土贝母是多年生攀援植物假贝母的块茎，主产于河北、陕西、山西等地。

贝母之名，始载于《神农本草经》，被列为中品。陶弘景谓之“形似聚贝子，故名贝母”，说明了贝母得名的原因。到了《本草纲目拾遗》才将贝母分为川贝和浙贝两种。川贝因其疗效显著而货源紧缺，因此市场上假冒伪劣品种不少，须仔细鉴别。正品川贝为川贝母、暗紫贝母、甘肃贝母、梭砂贝母的干燥鳞茎。川贝母、暗紫贝母、甘肃贝母按性状不同分别习称为“松贝”和“青贝”，梭砂贝母习称“炉贝”。

川贝母原植物

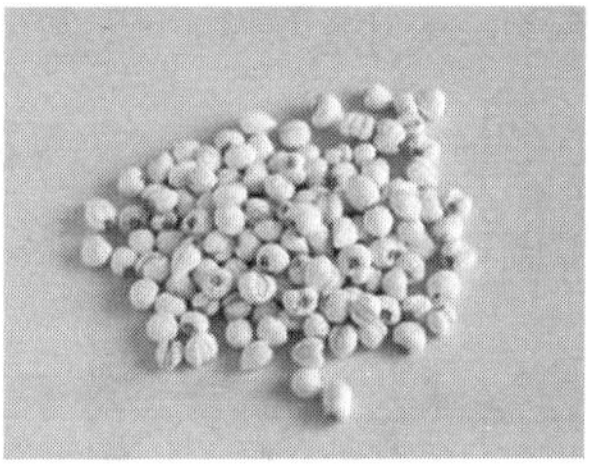

药材川贝母

萑

萑（huán），《说文解字》："草多貌。从艸，隹声。"《尔雅·释草》："萑，蓷（tuī）。"郭璞云："今茺蔚也，叶似荏，方茎白华，华生节间，又名益母。"也就是益母草。

益母草是一年或二年生草本，夏季开花，生于山野荒地、田埂、草地等。全国大部分地区都有分布。在夏季生长茂盛、花未全开时采摘。药物功效为活血、祛瘀、调经、消水。可以治疗妇女月经不调、胎漏难产、产后血晕、瘀血腹痛、崩中漏下、痈肿疮疡等症。

益母草用途很多，嫩茎可以当菜食用，叫作龙须菜；长大了，茎叶可以熬药，是治疗妇科病的良药，叫作益母草，熬制成膏状叫作益母膏；种子叫作茺蔚子，也是妇科药。

益母草原植物

药材益母草

堇

堇（lí），《说文解字》："堇，草也。从艸，里声。"《广雅·释草》："堇，羊蹄也。"就是羊蹄菜，俗称土大黄。《诗经·小雅》："我行其野，言采其蓫。"《齐民要术》："扬州谓羊蹄为蓫。"

羊蹄菜出自《神农本草经》。《本草图经》云："羊蹄生下湿地。高者三、四尺，叶狭长，茎节间紫赤，花青白色，子三棱，夏中即枯。又有一种茎叶俱细，节间生子若茺蔚子，疗痢乃佳，今所在有之。"功能有凉血止血、清热、通便、利水、杀虫等。主治大便燥结、淋浊、黄疸、秃疮、疥癣、痈肿、跌打损伤。羊蹄菜生于山野、路旁，或者沟谷、河岸及湿地。栽种两年后，秋季当叶变黄时，挖出根部，洗净鲜用或切片晒干。

羊蹄菜原植物

药材羊蹄菜

茝

茝（chǎi），《说文解字》："茝，虈（xiāo）也。"又："虈，楚谓之蓠，晋谓之虈，齐谓之茝。从艸，嚻声。"虈和茝都是芷的古名，后世通常作芷。芷，《玉篇》："芷，白芷，药名。"

白芷见于《神农本草经》。《本草纲目》云："白芷，色白味辛，行手阳明；性温气厚，行足阳明；芳香上达，入手太阴肺经。如头、目、眉、齿诸病，三经之风热也；如漏、带、痈疽诸病，三经之湿热也；风热者辛以散之，湿热者温以除之。为阳明主药，故又能治血病、胎病，而排脓生肌止痛。治鼻渊、鼻衄、齿痛、眉棱骨痛、大肠风秘、小便出血、妇人血风眩运、反胃吐食；解砒毒、蛇伤、刀箭金疮。"

白芷在中国文化里象征着圣洁与高尚。《离骚》："杂申椒与菌桂兮，岂惟纫夫蕙茝。"《孔子家语 · 在厄》："芷兰生于深林，不以无人而不芳；君子修道立德，不为穷困而改节。"白芷和蕙兰，象征着君子的高尚人格。

白芷研末服用，有良好的止痛效果。据说北宋初年，南方有一富商的女儿，每逢行经，总是腹痛剧烈，导致形体衰减。富商想带着女儿到京城寻访名医，到达汴梁时，女儿经期适至，腹痛难忍。恰遇采药老人，询问病情后，老人从药篓中取出白芷相赠，嘱咐洗净水煎饮服。富商谢过，按法煎制，一煎服了痛缓，二煎服了痛止，再服几剂，次月行经安然无恙。从此以后，妇女行经不舒，煎服白芷，在民间广为使用。

白芷原植物

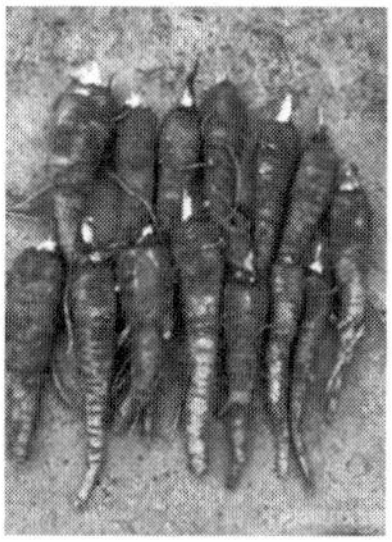

鲜白芷

芡

芡，《说文解字》："鸡头也。从艸，欠声。"《管子》称为卯菱，《周礼》称为芡，《方言》称为鸡头。芡和鸡头原本是方言之别，而今俗语把芡叫作鸡头，把芡实叫作鸡头米。

芡实，水生植物，一年水生草，茎叶都有刺。中国中部、南部各省均有产，多生于池沼湖塘浅水中。种子含淀粉，药用为滋补药。果实叫芡实，外皮有刺。芡实有南北之分。北芡实为产于山东、苏北等北方地区者，南芡实为产于湖南、苏南、广东等南方地区者，均以颗粒饱满、粉性足、无破碎、干燥无杂质者为佳。

芡实的用途很大，其种仁芡米营养价值高，是秋季滋补的佳品，被当作延年益寿的上品。其根、茎、叶、果均可入药，主治风湿性关节炎、腰背膝痛，也可补中益气，提神强志，使人耳目聪明，还能开胃助气及补肾，作粉食用对人也很有好处。芡实种子鲜食可治咽炎。

民间还有一个关于芡实的故事。相传有一年饥荒，有个叫倩倩的寡妇，上有婆婆，下有孩子，每天靠挖野菜充饥。一天去挖野菜，因为饥饿过度晕倒在河边，醒来时发现身边有形状像鸡头的说不出名字的水草。于是倩倩采了些“鸡头”回去蒸煮，切开后发现里面是饱满的果实，剥开便露出了雪白的果仁，吃起来有股清香。以后倩倩都会采鸡头果和着野菜煮给家里人吃，终于熬过了饥荒的日子，以后人们便把这个救命的食物叫倩（芡）食。

芡实原植物

药材芡实

术

术（zhú），多年生草本植物，有白术、苍术等品种。字形本当作朮，后来术与朮混合。《说文解字》云："朮，山蓟也。"

白术乃多年生草本植物，喜凉爽气候，以根茎入药，有健脾益气、燥湿利水、止汗、安胎之功效，用于脾虚食少、腹胀泄泻、痰饮眩悸、水肿、自汗、胎动不安。

白术是我国传统常用中药材，具有悠久的生产栽培和应用历史，《尔雅》等古籍中有记载。药用最早见于战国时期《五十二病方》的记载，以术等二味药煮水二斗成汤，药浴法治疗，对灸疡有治疗作用。原主产于浙江新昌、天台、东阳、于潜，清康熙年间由浙江于潜引入江西，18 世纪中叶传入湖南。

苍术为菊科植物茅苍术或北苍术的干燥根茎，一般为野生，多年生长。茅苍术多生长在丘陵、杂草或树林中；北苍术多生长在森林草原地带的阳坡、半阴坡灌丛中。

苍术是最著名的野生中药材，是东北野生道地药材的代表，也是野生药材品种中用途最广、用量最大的品种之一，目前还没有人工栽培。苍术因抗击非典而走红，当时市场价格竟然有几十倍的惊人涨幅。苍术在我国分布较广，关内及东北、内蒙古都有分布。以内蒙古和东北所产的苍术为上品。

白术原植物

药材白术

苍术原植物

药材苍术

槐

槐（huái）的字形从木从鬼，意思为人死身体入土，灵魂归祖庙。槐树是守土树，一般栽在村口或庙门前，寓意是等候游子叶落归根，魂归故里。其读音表示游子怀念故里，不论浪迹何方，总能记得家乡的老槐树。

槐树开的槐花，别名槐米、槐蕊，为豆科植物槐的花或花蕾，可以做药。中国各地区均有产，以黄土高原和华北平原为多。夏季花未开放时采收其花蕾，称为“槐米”；花开放时采收，称为“槐花”。

槐米可用于清热、凉血、止血。夏季花初开时采收，晒干。药用有生槐花、炒槐花、槐花炭之别，性用有所不同，炒黑炭化之后，作用更好。

安徽砀山一带有关于槐米的传说，说是农历三月三，大家都去看戏。有一大户人家来接自家的姑娘，发现姑娘鼻子流血不止，家人想尽办法，鼻血就是止不住。医生在药中加了槐花，可是效果也不明显。大家互相埋怨，吵个不停，医生无意中想到这个“吵”字，于是把槐花炒焦来用，果然马上见效。这就是槐米炒焦使用的由来，直到现在还在沿用。

槐花原植物

药材槐米

枳

枳，《说文解字》：“木似橘。从木，只声。”枳，别名铁篱寨、臭橘、枸橘，是一种灌木或者小乔木，多生长于荒地、路旁。中药称未成熟者为枳实，成熟已干者为枳壳。枸橘之名始见于《本草纲目》。《本草纲目》云：“枸橘处处有之。树、叶并与橘同，但干多刺，三月开白花，青蕊不香，结实大如弹丸，形如枳实而壳薄，不香，人家多收种为藩篱，亦或收小实，伪充枳实及青橘皮售之，不可不辨。”

枳实破气消积，用于食积气滞、脘腹痞满症，又能化痰除痞，用于痰浊阻滞、胸脘痞满症。枳壳为未成熟果实，与枳实相似，唯作用较缓，长于理气宽胸，消胀除痞，用于胸腹气滞、痞满胀痛等症。枳实力强，多用于破积导滞、通利大便。

历史上有“南橘北枳”的故事。南方之橘移植淮河之北就会变成枳。故事中晏子对楚王说：“橘树生长在淮河以南就结橘子，如果生长在淮河以北，就会结出枳子。橘子和枳子，叶子差不多，但果实的味道却不一样。这是因为水土不同啊。现在这个人生活在齐国的时候，没有盗窃的行为，来到楚国以后却偷盗起来，难道是因为楚国的水土容易使人变成小偷吗？”南橘北枳这个故事告诉人们：环境对人的影响很大，良好的环境可以让人学好，而不好的环境则可以使人变坏。

枳原植物

药材枳实

药材枳壳

栀

栀（zhī），《说文解字》："栀，木，实可染。从木，卮声。"《广雅》："栀，栀子。"栀子始见于《神农本草经》，李时珍《本草纲目》云："卮，酒器也。栀子象之，故名，俗作卮。”

栀子的果实是传统中药，具有护肝、利胆、降压、镇静、止血、消肿等作用，用于治疗黄疸型肝炎、扭挫伤等症。栀子入药，除果实全体入药外，还有果皮、种子分开用者。栀子皮偏于达表而去肌肤之热；栀子仁偏于走里而清内热。生栀子走气分而泻火，焦栀子入血分而止血。药用栀子通常是野生栀子，跟赏花的栀子不同。

栀子原产于中国中部，生长在旷野、丘陵、山谷、山坡、溪边的灌丛或林中。我国栽培栀子花的历史由来已久。司马相如《上林赋》中有“鲜支黄砾”的句子，鲜支即栀子。我国园林栽培栀子已有2 000余年历史了。

传说栀子花是天上七仙女之一化成的，她羡慕人间的生活，就下凡变为一棵花树。一位年轻的农民，孑身一人，生活清贫，在田埂边看到了这棵小树，就把小树移回家，百般照看养护。小树长势喜人，开出了许多洁白的花朵。为了报答主人的恩情，小仙女白天为主人洗衣做饭，晚间香飘院外。老百姓知道了这个故事，从此家家户户都养起了栀子花。因为栀子花是仙女的化身，女人也个个都戴起了栀子花。到了今天，栀子花成了诺言和情感的象征。

栀子原植物

药材栀子

棘

棘，酸枣。《急就章》第三章："棘，酸枣之树也。"《说文解字》："棘，小枣丛生者，从并朿。"朿是刺的本字。两个朿字并立，表示棘树多刺，棘是矮小而成丛的灌木。

酸枣主要产于河北、河南、辽宁等北方地区，主产区位于太行山一带，以河北"邢台为主，素有邢台酸枣甲天下"之美誉。

《神农本草经》记载，酸枣可以安五脏，轻身延年。这种野果具有很大的药用价值，可以起到养肝、宁心、安神、敛汗的作用。医学上用来治疗神经衰弱、心烦失眠、盗汗、易惊等病。同时，酸枣又能达到一定的滋补强壮效果，具有防病抗衰老与养颜益寿的作用。常喝酸枣汁能改善面色不荣、皮肤干枯、形体消瘦、面目浮肿等症状。酸枣还可以使皮肤与毛发具有光泽，让面部皱纹舒展。

传说唐代永淳年间，相国寺有位和尚名允惠，患了癫狂症，虽服了许多名医的汤药，仍不见好转。允惠的哥哥潘某，与名医孙思邈是至交，潘某恳请孙思邈设法治疗。孙思邈详询病情，细察苔脉，取出一包药粉，调入半斤白酒中，让允惠服下。不多时，允惠便昏昏入睡，孙思邈嘱咐不要吵醒病人，待其自己醒来。直到次日半夜，允惠醒后，神志已完全清楚，潘家重谢孙思邈，并询问其治愈道理。孙思邈回答："此病是用朱砂、酸枣仁、乳香散治之，取辰砂一两，酸枣仁及乳香各半两，研末，调酒服下，以微醉为度，服毕令卧睡，病重者二三日方觉，须其自醒，病必能愈。"

酸枣原植物

药材酸枣

蟾蜍

蟾蜍（chán chú）很早就有记载，《淮南子·原道训》：“夫释大道而任小数，无以异于使蟹捕鼠，蟾蠩捕蚤。”这个蟾蠩就是蟾蜍。

蟾蜍俗称癞蛤蟆，是一种极有药用价值的经济动物。蟾酥、干蟾皮、蟾衣、蟾头、蟾舌、蟾肝、蟾胆等均为药材。蟾蜍耳后腺分泌的白色浆液叫蟾酥，可以治疗心力衰竭、口腔炎、咽喉炎、咽喉肿痛、皮肤癌等。《神农本草经》就记有癞蛤蟆的性味、归经和主治等内容。蟾酥是传统名贵药材之一，是六神丸等中成药的主要原料。

民间传说月中有蟾蜍，故把月宫唤作蟾宫。有诗人写道：“鲛室影寒珠有泪，蟾宫风散桂飘香。”古代纹饰中蟾蜍并不少见，殷商青铜器上亦有蟾蜍纹。战国至魏晋，蟾蜍一直被认为是神物，有辟邪功能。蟾蜍寓意财源兴盛，生活幸福美好。民间亦有刘海戏金蟾的传说，认为得之可致富。另外，蟾蜍还被赋予了避兵器的功能。

后魏《齐民要术·杂记》中，有五月捉蛤蟆的记载，亦是制药用。后来不少地区均有端午捉蛤蟆之俗，如江苏于端午日收蛤蟆，刺取其沫，制作中药蟾酥；杭州人给小孩子吃蛤蟆，说是可以消火清凉、夏无疮疖。还有在端午日于蛤蟆口中塞墨锭，悬挂起来晾干，即成蛤蟆锭，涂于脓疮上可使之消散。这种捉蛤蟆制药之俗，源于汉代“蟾蜍辟兵”之传说。

蟾蜍

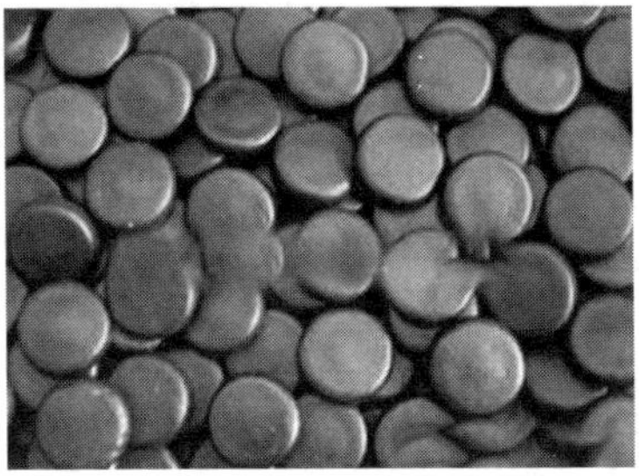

蟾酥

硇

硇（náo），《玉篇》：“硇，硇砂，药。”《本草纲目》云：“硇砂性毒，服之使人硇乱，故曰硇砂。”硇是砂矿物，系黄白色粉末或块状，味辛咸，是氯化铵的天然产物，产于自燃煤层及火山气孔中，系凝华产物。医药上可做祛痰剂。

硇砂也叫作狄盐、北庭砂、气砂、透骨将军，始载于《新修本草》。《唐本草》谓硇砂：“主积聚，破结血，烂胎，止痛下气，疗咳嗽，宿冷，去恶肉，生好肌。”

硇砂主要分布在柴达木盆地。硇砂分紫白两种，紫色者称紫硇砂，藏语称“卡如察”；白色者称白硇砂，藏语称“坚木察”。紫硇砂以块整、紫红、断面晶亮、无杂质者为佳。白硇砂以块整、色白、有光泽、无杂质者为佳。

硇砂是著名的抗癌药物，适用于多种癌症，如食管癌、皮肤癌、鼻咽癌、宫颈癌等。硇砂与轻粉、雄黄、硼砂、大黄配伍外用可治疗皮肤癌。

紫硇砂

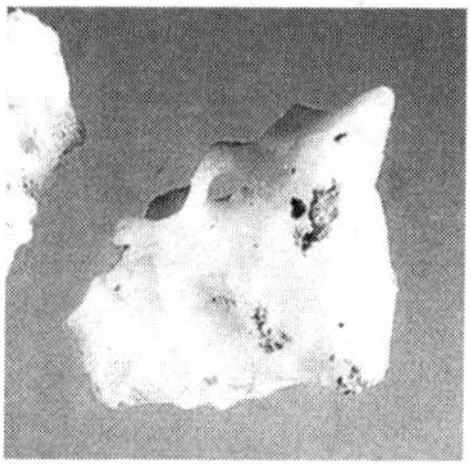

白硇砂

朱

朱，朱砂的简称，亦称“辰砂”、“丹砂”。《隋书》：“出赤盐如朱，白盐如玉。”朱砂是硫化汞的天然矿石，有解毒防腐的作用，外用能抑制或杀灭皮肤细菌和寄生虫。

自《神农本草经》将朱砂列为上品以来，直至明清以前，几乎均认为朱砂无毒。《药性论》言朱砂有大毒，但并未引起后世医家的重视，仍以为其无毒。直到明清时期，医家才改变了对朱砂无毒的认识，如《本草经疏》中载："若经伏火及一切烹炼，则毒等砒硇，服之必毙"，指出了朱砂的毒副作用，而且还指出了火锻可使朱砂的毒性增强。现在的中药学已将朱砂列为有毒中药，且忌火煅。

朱砂的粉末呈红色，经久不褪。我国利用朱砂作颜料有悠久的历史。朱砂涂朱甲骨指的就是把朱砂磨成红色粉末，涂嵌在甲骨文的刻痕中以示醒目。这种做法距今已有几千年的历史了。后世的皇帝们沿用此法，用辰砂的红色粉末调成红墨水书写批文，这就是朱批一词的由来。中国书画被称为丹青，其中的丹即指朱砂。书画颜料中不可或缺的八宝印泥，其主要成分也是朱砂。

朱砂

辰砂矿石

硭硝

硝，《玉篇》：“硝，硭硝。”又：“硭，硭硝，药也。”《正字通》言硝有七种，朴硝力紧，芒硝力缓，方书用芒硝，是用其力缓。

芒硝，别名硫酸钠，是一种分布很广泛的硫酸盐矿物，可以主治破痞、温中、消食、逐水、缓泻。用于胃脘痞、食痞、消化不良、浮肿、水肿、乳肿、闭经、便秘。盐湖、盐泉和干盐湖是芒硝形成的地方。

芒硝出自《名医别录》。该药材粗制品称皮硝或朴硝，粗制品用鲜萝卜精制析出的结晶经风化干燥，制成的药材称玄明粉，其为白色粉末。芒硝药材呈菱柱状，长方形或不规则结晶，无色透明或类白色半透明，质脆易碎，断面呈玻璃样光泽，味咸微苦。

芒硝在古代又称焰硝、火硝、苦硝、生硝和地霜等。我国是世界上最早认识和利用芒硝的国家。西方在13世纪以前还不知芒硝为何物，而中国人早在春秋战国时期便已熟知。汉代的《神农本草经》已把硝石作为主要药材。

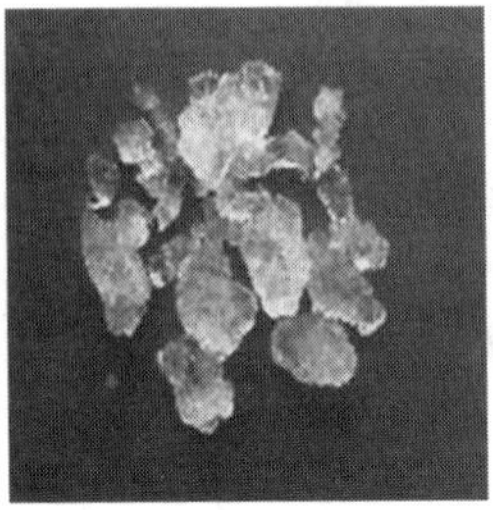
芒硝

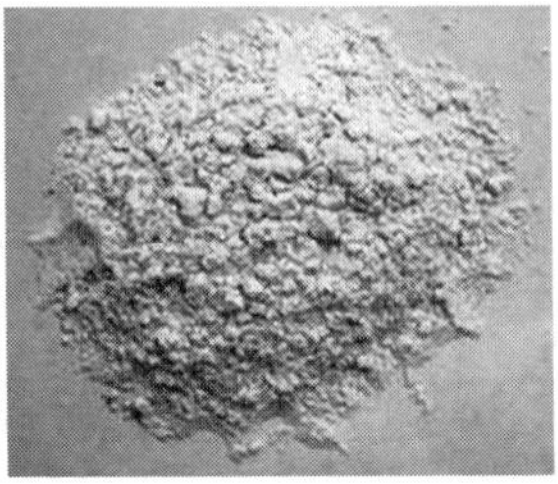
玄明粉

硫

硫，《玉篇》："硫，硫黄，药名。"硫黄为矿物药，内服可以补火、助阳、通便；外用可以作为消毒杀虫、燥湿止痒药。内服用于阳痿足冷、虚喘冷哮、虚寒便秘；外治用于疥癣、秃疮、阴疽恶疮。内服炮制后入丸散服；外服研末油调涂敷患处。

硫黄，《神农本草经》云："主妇人阴蚀，疽痔，恶血，坚筋骨，除头疮。"《本草纲目》云："主虚寒久痢，滑泄，霍乱，补命门不足，阳气暴绝，阴毒伤寒，小儿慢惊。"但硫黄内服容易中毒，硫黄在肠道中形成硫化氢，硫化氢是剧烈的神经毒物，直接服用未经炮制的石硫黄，可能会引起砷中毒。

硫黄也是古代炼丹常用矿物之一，又叫石硫黄，即矿物硫。古人对服食硫黄很迷信，葛洪《抱朴子·金丹篇》云："服此而不仙，则古来无仙矣。”连排斥佛老闻名的韩愈，也长期服用硫黄。白居易曾有诗云：“微之炼秋石，未老身溘然。退之服硫黄，一病竟不痊。”指出韩愈因为服食硫黄而丧命。服用硫黄对身体损害很大，韩愈自己有《落齿》诗云：“去年落一牙，今年落一牙。俄然去六七，落势殊未已。”才四十来岁，牙齿便七零八落，已未老先衰了。但即使如此，直到晚年，韩愈都未停止过服用硫黄。韩愈长期服用用硫黄末拌的粥饭，造成慢性中毒，而他自己并不知道，五十七就丢了性命。

开采的硫黄

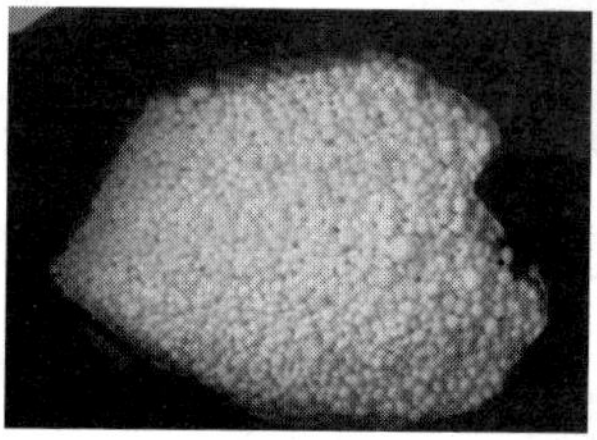

硫黄颗粒

砪

砪（mǔ），《玉篇》：“砪，云砪，药名。”就是云母石，可以入药。《本经》：“主身皮死肌，中风寒热，如在车船上，除邪气，安五脏，益子精，明目。”用于劳伤虚损、眩晕、惊悸、癫痫、寒疟久痁、疮痈肿痛、刀伤出血。

中国古籍中对云母不同名称的记载包括：花皮连、天冰、天皮、地金、老刮金等。本品为不规则的片状，数层至数十层叠合在一起，大小不一，无色透明或白色，具珍珠样或玻璃样光泽；质韧，可层层剥离成薄片，薄片光滑透明，有弹性；气微，无味；以片大、透明、洁净、无色、易剥离者为佳。

云母由于晶体大，色彩艳丽，很早就被人类利用。古代云母可做屏风等家具，李商隐《嫦娥》诗云："云母屏风烛影深。"云母切割成薄片便成半透明的晶体，可以透光，古人拿来做屏风上的装饰品。敦煌莫高窟中，唐112窟所用的颜料闪光发亮，经分析，是由天然白云母经细碎研磨而成。

河北灵寿县境内的地层为太古双质岩层，岩层中蕴藏着丰富的云母矿物。灵寿县是全国最大的碎云母产地，因为开发比较早，所以成为全国最大的云母加工基地和出口地。

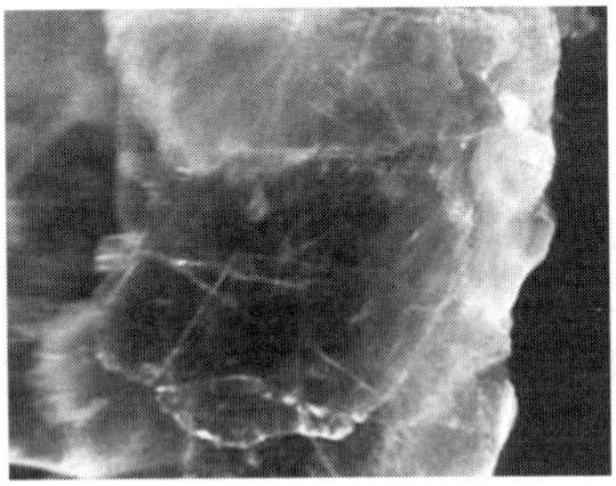

云母矿石

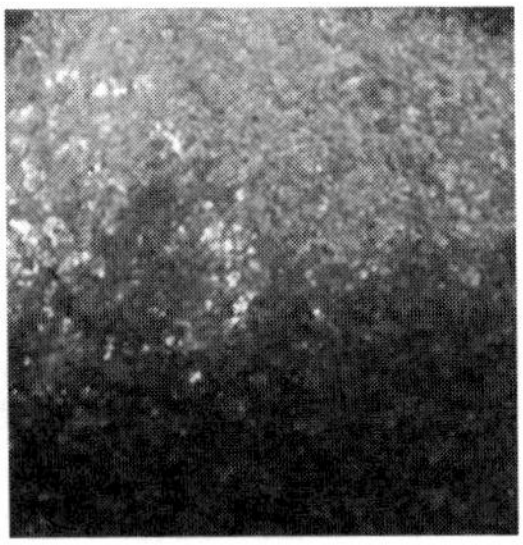

云母粉

（二）方剂及相关汉字

方剂

方剂又称“医方”、“药方”、“汤方”。方有法、术之意。《隋书·经籍志》：“医方者，所以除疾疢，保性命之术也。”剂，古作齐，调和之意。《汉书·艺文志》：“调百药齐和之所宜。”方与剂合称为方剂，最早见于《梁书·陆襄传》：“忽有老人诣门货浆，量如方剂。”程国彭《医学心悟》卷一：“论治法，不过七方与十剂。七方者，大、小、缓、急、奇、偶、复也，十剂者，宣、通、补、泻、轻、重、滑、涩、燥、湿也，精于此则投治得宜也。”

剂，中药一贴或一副称一剂，《素问·腹中论》：“治之以鸡矢醴，一剂知，二剂已。”也可以指药剂，《灵枢·终始》：“如是者，可将以甘药，不可饮以至剂。”或者指方剂分类的形式，《素问病机气宜保命集》：“制方之体，欲成七方十剂之用者，必本于气味生成，而成方焉。”

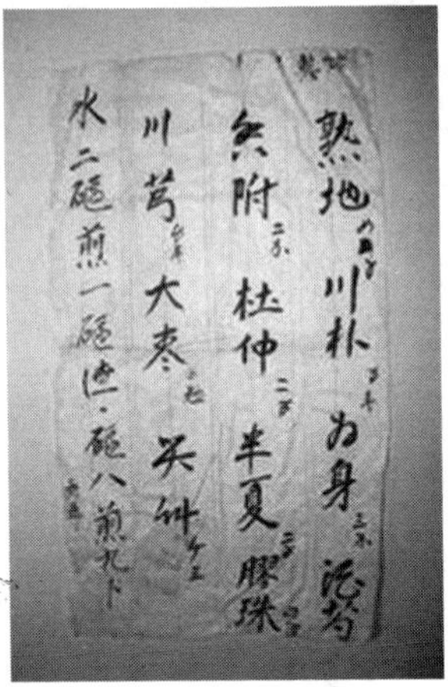

古代处方

从古文字来看，方的本义是剃发带枷，流放边疆，引申为方略、方法，用在医疗中就是指方术、处方。剂，《说文解字》:“齐也。从刀从齐，齐亦声。”段玉裁注：“今人药剂字乃《周礼》之齐字也。”

所谓方者，谓支配之法度也；所谓剂者，谓兼定其分量标准也。方则仅定其药味，剂则必斟酌其轻重。方指药物的组合，强调组合。剂指对处方药物做适宜处理，使之发挥作用。在医馆中经常见到这样的场景，诊桌旁坐着医生和患者，患者叙述病史和病情，医生则是望闻问切，深思熟虑，确定病因和病机，然后据证立法，依法遣方，最后把中药写在纸上，注明药量，嘱咐其煎服之法，然后交给患者。这张写有药物的纸，现在叫处方，古人叫作方子，按医家的严格说法就是方剂。

中医方剂在长期发展过程中，出现了许多剂型，主要有汤、散、丸、膏、丹、饼、锭等。汤、散、丸、膏、丹、饼、锭这几个普通的汉字被中医借用后赋予了丰富的内容，文字未变，而内涵却有了深刻的变化，反映了古代医药文化的变迁。

汤

汤，《说文解字》：“汤，热水也。从水，昜声。”引申为食物或者药物煎煮后的液汁。汤剂又称汤液，是我国医药应用最早、最广泛的一种剂型。李东垣云：“汤者，荡也，去大病用之。”汤剂一般多用温服。《圣济经》：“汤液主治，本乎腠理，凡涤除邪气者，用汤最宜。伤寒之治，多先用汤者以此。”

商相伊尹

汤剂是指将药物在煎煮后去渣取汁而制成的液体剂型。古代有伊尹发明汤药的说法，足见汤药历史之久。在偃师商城宫城遗址的西侧，有个叫新寨的村落，这里是商朝第一位宰相伊尹的长眠之地。新寨村附近有伊尹墓（又称阿衡墓），与田横墓南北对峙。旧时新寨村叫作阿衡镇，因伊尹在商朝的官职被称为阿衡，人们遂以其职务呼之。除了精通治理国家、精通烹饪以外，伊尹还是中药汤剂的发明者。在为百姓治病的过程中，他总结出一个经验，就是将草药煮熟服下比生食效果要好。伊尹根据烹调食物的经验，将草药混合煎煮，配成汤液给病人服用。汤液就是今天说的汤剂、汤药。关于伊尹首创汤液之说，在《资治通鉴》中有记载，伊尹“作汤液本草，明寒热温凉之性，酸苦辛甘咸淡之味，轻清重浊，阴阳升降，走十二经络表里之宜”。

汤药

汤剂的特点是吸收较快，能迅速发挥药效，便于根据病情的不同灵活加减，适用于病症较重或病情不稳定的患者，是临床运用最广泛的一种剂型。汤剂使用的大多是复方，便于发挥药物成分的综合作用。汤剂的不足之处是服用量大，某些药物的有效成分不易煎出或易挥发散失，煎煮费时而不利于危重病人的抢救，口感较苦使小儿难以服用等。

汤剂煎煮器具与药液质量关系密切。古人对煎器很重视，如李时珍云：“煎药并忌用铜铁器，宜银器、瓦罐。”古人喜欢用陶器煎药，因为陶器与药物所含的各种成分不发生化学反应，因此煎出来的汤剂质量比较好，且导热均匀，价格低廉，因而沿用至今。

散

散，《说文解字》："散，杂肉也。"王筠《说文句读》："散字从肉，故说曰杂肉。实是散碎通用之字，故无应取杂而删肉也。"林义光《文源》："散为杂，无杂肉之义。……从月不从肉，月即夕字，象物形，本义当为分散之散。"散的本义就是分散。碎屑粉末之类，都属于散。将药物研成粉末，自然也可以叫散剂。

散剂

散剂也称粉剂，系药物经过粉碎、均匀混合而制成的干燥粉末。早在《黄帝内经》中就有散剂治疗疾病的记载，《三国志·华佗传》也有漆叶青黏散。《名医别录》中对散剂的粉碎方法已有详细的记载。散剂至今仍是中医常用的治疗剂型。

散剂的特点是制备方法简便、吸收较快、奏效迅速、节省药材、性质较稳定、不易变质、便于服用与携带。散剂有内服和外用两种。内服散剂末细者可直接冲服，如川芎茶调散；将饮片捣成粗末加水煮沸取汁服者称煮散，如香苏散。外用散剂一般匀撒疮面上或患处，如生肌散，还有吹喉、点眼等外用散剂，如冰硼散、八宝眼药等。眼用散剂还要求无菌，制作要求比较高。

丸

丸，《说文解字》："圜，倾侧而转者。从反仄。凡丸之属皆从丸。"丸的本义是抟揉，引申为名词就是丸药。丸剂是指药材细粉加适宜的辅料制成的球形制剂。丸剂与汤剂相比，吸收较慢但药效持久；药材用量较少；体积较小，便于携带与服用，适用于慢性、虚弱性疾病，尤其是攻磨症积。《玉函经》说："丸药者，能逐风冷，破积聚，消诸坚癖。"李东垣云："丸者缓也，舒缓而治之也。"丸剂服后在胃肠道缓慢释放药物，作用持久，如六味地黄丸、香砂六君丸等。还有因方剂中含较多芳香走窜药物，不宜入汤剂煎煮而制成丸剂的，如宫牛黄丸、苏合香丸等。凡药物不耐高热、难溶于水、容易挥发、毒性较剧烈的，多适合做成丸剂。

我国最早的医方《五十二病方》中已出现了丸剂的名称。《内经》也有"四乌贼骨一芦茹丸"的记载。早期的丸剂是在汤剂的基础上发展起来的。后世的丸剂有了全面的发展，分蜜丸、水丸、水蜜丸、糊丸、浓缩丸、蜡丸等，成为一种比较完善的剂型。

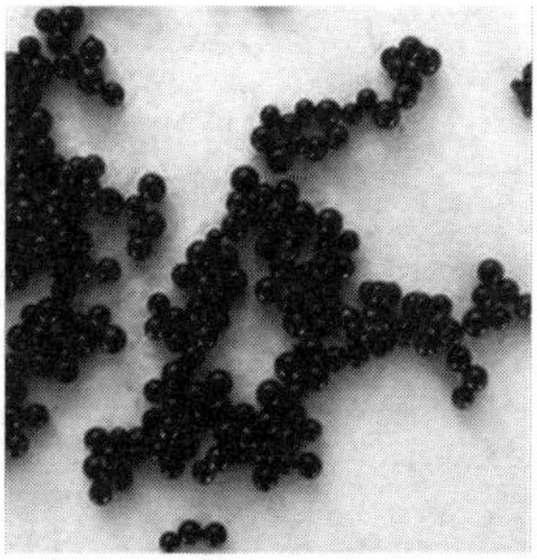

丸剂

民间有一个关于张仲景治病用药丸的传说。张仲景在河南桐柏山采药，碰到一个山民找他看病，张仲景给他摸完脉就问他，先生，您的手腕为什么有兽脉？这个人因为被张仲景看穿了底细，就如实回答说，我是峄山山洞里的老猴子，这些日子身体实在不舒服，所以请你给我看看。张仲景听完之后，给他把脉，看舌头，然后从药包里拿出一丸药给它吃，老猴子吃完这丸药之后就好了。第二天，这个山中老猿猴扛了一块大木头，对张仲景说，非常感谢你治好了我的病，我没有什么其他东西回报，这块木头是一万多年的桐木，很珍贵，能做乐器，送给你。于是张仲景就请人用它做了两把古琴，给古琴取了名字，一把叫古猿，一把叫万年。这个故事记载在虞汝明所写的《古琴疏》里。

膏

膏，《说文解字》："肥也。从肉，高声。"膏的本义是敬神的动物脂肪。凝者曰脂，释者曰膏。引申到医学领域，膏就是做成油脂状的药物，也就是用水或植物油将药物煎熬浓缩而成的膏状制剂。膏剂又称膏方。膏剂有内服和外用两种，内服膏剂有流浸膏、浸膏、煎膏三种；外用膏剂分软膏、硬膏两种。

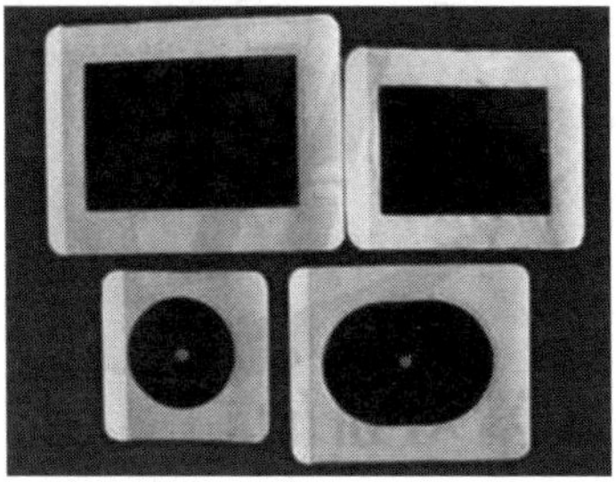

黑膏药

内服的流浸膏与浸膏多数用于调配其他制剂，如散剂、片剂等。煎膏又称膏滋，其特点是体积小、含量高、便于服用、口味甜美，有滋润补益的作用，一般用于慢性虚弱病人，需较长时间服用，如八珍益母膏等。外用的软膏多用于皮肤、黏膜或创面。软膏具有一定的黏稠性，外涂后渐渐软化或溶化，药物慢慢吸收，持久发挥疗效，适用于外科疮疡疖肿、烧烫伤等。硬膏又称膏药，用时加温摊涂在布或纸上，软化后贴于患处或穴位上，可治疗局部疾病和全身性疾病，如疮疡肿毒、跌打损伤、风湿痹症以及腰痛、腹痛等，常用的有狗皮膏、暖脐膏等。

早在《黄帝内经》中已有关于制作和应用膏剂的论述。晋代《肘后备急方》将膏剂由皮肤外敷发展到五官科外用和内服。唐宋以后，膏剂的应用更为广泛。清代的《理瀹骈文》是有代表性的膏剂专著，书中对膏剂的应用方法和治疗经验均有详细的论述。

丹

丹，《说文解字》：“巴越之赤石也。象采丹井，一象丹形。凡丹之属皆从丹。”段玉裁注：“丹者，石之精。故凡药物之精者曰丹。”丹本指矿井中的丹砂，后来人们习惯上把某些较贵重的药品或有特殊功效的药物剂型叫作丹，如至宝丹、紫雪丹等。丹剂并非一种固定的剂型，内服丹剂有丸剂，也有散剂。外用丹剂亦称丹药，是以某些矿物类药经高温烧炼制成的不同结晶形状的制品，常研粉涂撒疮面，亦可制成药条、药线和外用膏剂，主要用于外科的疮疡、痈疽、瘿瘤等病，具有剂量小、作用大、含矿物质之特点。

丹剂

丹剂在我国已有 2 000 多年的历史了。现行丹剂处方中一般多采用天然植物，人服用后产生的不良反应很少。有的仅以朱砂为外衣，与宋代丹剂含大量汞化合物有质的不同。丹剂与古代制药化学的兴起和炼丹术有密切关系。魏晋南北朝时期炼丹术盛行，晋代葛洪的《抱朴子》总结了当时的炼丹经验，扩大了矿物药的应用范围，促进了制药化学的发展。唐宋时期，制药化学继续发展，已开始使用硇砂、白砒等原料炼丹。

丹剂有外用和内服两种。外用丹剂是用水银、硝石、白矾、硫黄、雄黄等矿物药经加热升华或熔合方法制成，可以单独使用，也可以与其他药物混合制成，如三仙丹、九一丹等。丹剂多作外用，也有将内服疗效突出的散剂、丸剂、锭剂等称为丹剂的，取其灵丹妙药之意。内服丹剂无固定剂型，如属散剂的有紫雪丹，属蜜丸剂的有大活络丹，属水丸剂的有梅花点舌丹，属糊丸剂的有仁丹、小金丹，属蜡丸剂的有黍米寸金丹等。

丹剂的来源十分久远，已知现存最早的一部炼丹学专著是东汉魏伯阳的《周易参同契》。该书主要讲内丹，部分涉及外丹黄白术。书中认为，《周易》的思想与理论反映了事物的客观规律，可以统御一切。于是，作者依据《周易》的理论，从哲学高度对炼丹家的经验进行了概括与总结，并且在此基础上发展出一整套系统的炼丹术理论，对炼丹的目的、药物、设备和方法均有详细的论述。《周易参同契》在理论与实践上都对中国炼丹术的发展产生了重大影响，被尊为“万古丹经王”。

葛洪是晋朝的一代名医，有《肘后备急方》一书传世。他的《抱朴子》则是一部重要的炼丹学著作。该书分为内、外篇。其中内篇中的“金丹”、“黄白”、“仙药”三篇集中讨论了炼制金银与丹药的炼制，化学知识丰富，文字也较为浅显易懂。葛洪对炼丹极为推崇，认为服草木之药及修小术者可以延年迟死，却无法成仙，只有服用“金丹”，才能“炼人身体，故能言人不老不死”。葛洪也亲身参与炼丹活动，积累了很多经验，其对古代化学发展的贡献也是多方面的，他创制的“饵雄黄”方，成为唐代火药的前身。

古人炼丹

魏伯阳、葛洪等人从事的炼丹活动，虽然主要目的是为了炼制长生不老药，但在客观上促成了制药化学的产生。他们在无数试验中，得到了一些新的发现，也扩大了化学药物的应用范围。在魏晋南北朝时期，随着炼丹术的日益盛行，各种汞制剂得到了广泛应用。主要含有氧化汞的红升丹与主要含有氯化汞的白降丹，是中医有名的外用药，可以消肿溃脓、祛腐拔毒、生肌长肉，有着良好的疗效。

此外，后世医家也从炼丹术中得到了启发，如出自《道藏》的中药名方“紫雪丹”，其配方中有火硝、玄明粉、朱砂、生磁石、生石膏、滑石等多种矿物药，此与《抱朴子·内篇·金丹》所载“金液方”颇为相似。因而，很多研究者认为，“金液方”很可能就是“紫雪丹”的历史根源。

古代炼丹家所炼制的丹药，其主要成分是有毒的汞、铅、砷、硫的化合物，因此，因服食丹药而中毒的事故屡有发生。隋唐以后，人们逐渐丧失了对炼丹术的信仰，至宋代，以气功导引为基础的“内丹”学说开始盛行，而被称为“外丹”的炼丹术则逐步走向衰落。然而，炼丹家们取得的化学成就却作为中国科技史上辉煌的一页永载史册。炼丹术在医学上的贡献同样是巨大的，尤其是用外用丹药治疗外科疾患，其疗效与安全性都得到了越来越充分的肯定。后世一些外科著作中，有大量关于丹药的制备方法与临床运用的记载。古代盛极一时的炼丹术，在内服丹药没落之后，其支流——外用丹药作为中医外科的一个重要组成部分一直流传至今。

锭

锭，《说文解字》：“锭，镫也。”清毛奇龄《辨定祭礼通俗谱》：“烛台者，插烛之锭也。”引申指各种长方形或者圆形的物体。在药物中，锭剂是各种形状的硬块制剂，是方剂学名词，系药物剂型之一，通常有长方形、纺锤形、圆柱形、圆锥形等。

中药锭剂是由药物粉末用黏性浆液和匀而制成，可以口服或涂敷患处。例如太乙紫金锭、蟾酥锭等。内服时可将锭捣碎，温

紫金锭

开水送服。外用时可用水，或醋，或麻油等研磨或捣碎成粉，调匀涂。如紫金锭等。

辟瘟解毒、消肿止痛的紫金锭，为固体纺锤形制剂，称为锭剂。因含雄黄、朱砂，色呈橙红，故名紫金锭。紫金锭避秽解毒，开窍止痛，用于湿温时疫引起的神晕目眩、呕恶泄泻，以及小儿痰壅惊闭；外用可以治痈疽疔疮、肿核结毒等。

饮

甲骨文的“饮”字，是一个弯着腰的人，低头伸着舌头，底下是个酒坛，呈现的就是抱着酒坛痛饮的样子，引申为可以喝的东西，包括中医特定的汤剂。

中医的饮子，指不规定时间、剂量饮服的中药汤剂，唐代杜甫《寄韦有夏郎中》诗：“饮子频通汗，怀君想报珠。”仇兆鳌注：“古人称汤药为饮子。孙真人有甘露饮子。”《太平广记》卷二一九引五代范资《玉堂闲话》：“长安完盛日，有一家于西市卖饮子，用寻常之药，不过数味。”饮子可以当作茶饮用，也可以冷服，比较早的如《千金要方》有芦根饮子。饮子可以简称为

《清明上河图》一角

"饮"，如《太平惠民和剂局方》有香薷饮，将香薷、厚朴剪碎，白扁豆炒黄捣碎，放入杯中，以沸水冲泡，盖严温浸1小时，可以代茶频饮，治为夏月乘凉饮冷，外感风寒，内伤暑湿所致的阴暑症。

饮子还是一种饮品，即用中草药做成的消暑解渴饮料，相当于今天说的凉茶。这实际是把饮用和药用两种用途结合起来，因而为商贩所喜爱。在张择端的《清明上河图》中，有几处卖"饮子"或者"香饮子"的小铺，可见北宋已经有人在卖饮子了。直至今天，凉茶在市面上还很有市场，而其源头，则是由饮子转变而来。

（三）药剂制作、称量及相关汉字

炮炙

从字形上分析，"炮"是会意字，指把食物包裹起来隔火烤熟，能保持食物的本味、水分不丢失。炙，就是把肉放在火上薰烤。引申到制药的场合，炮、炙原来是两种不同的制药方法，以后成为药材加工处理的总称。

南朝刘宋时雷斅（xiāo）的《雷公炮炙论》就是叙述药材加工处理的专书。药材要成为药剂，必须经过严格的炮炙加工，否则就达不到标准。

自《雷公炮炙论》问世以后，炮炙逐渐成为中药加工的代名词，今天有人称为“炮制”，古代也称为“修治”、“修事”等。天然的中药经过人工炮炙，才能更好地发挥作用，抑制毒性，顺应医生的意图，改变药物的性味甚至归经，让医生使用起来更加得心应手。同仁堂门口的著名对联“炮制虽繁必不敢省人工，品位虽贵必不敢减物力”，道出了中药制作的真谛，实际上，这也是所有药号、药堂的共同心声。炮制在中药生产中举足轻重，通过炮制以“减毒增效”，中药才能在最大程度上符合临床用药的目的。因此可以说炮制是中药传统制药技术的集中体现和核心所在，是中国传统医药特有的宝贵财富。

需要炙的中药有很多，如炙甘草、炙黄芪等。炙的方法也有多种，如醋炙、盐炙、蜜炙等，根据需要而定。炮的应用也很广泛，一般是把生药放在锅里用急火炒，使它焦黄爆裂。用慢火或者火的余灰把药物做熟或烘干叫作煨。煨可以使药物快速脱水，不但易于保存，而且可以增强药物的火热之性。病症不同，炮制的方法也不一样，这直接关系到所用药物的药效，特别是一些毒

古代炮炙图

性药物和烈性药物，如果炮制不当，不仅不能保证所用药物的安全，更不能保证所用药物的疗效。如大黄，性味苦寒，生则气味重浊，苦寒沉降，泄热攻下峻烈；若酒润炒干，其力稍缓，并借酒引药上行，可清上焦之热；而炒炭后，寒性锐减，偏于平和，会有良好的止血功效。这说明同一个药，如果用不同的方法炮制，就会产生不同的效果。醋制归肝经，蜜制归脾经，盐制归肾经，这是中医经常挂在嘴边的行话。

中医药经过几千年的发展，积累了丰富的经验，形成了中药制药的独特工艺。例如中药饮片的炮制虽然看似简单，其实非常有讲究。中药材的浸泡，需要用什么样的水、浸泡多长时间；炒制时用火的大小、炒制的时间、火候都有明确的要求，哪个环节把握不好，都会影响炮制出来的饮片的质量。而且炮制是实践性和经验性非常强的技术活，不是精于此道，掌握窍门和经验的药工，无法做到这一点，尽管在国家药典和各地方标准中都有关于炮制方法的具体描述，但是仅根据这些文字是做不好炮制的。一些人总认为炮制是件微不足道的事情，甚至对此鄙夷不屑，这种看法是不对的。

炮制可以分作五类：一是修制，这也是炮制最简单的方法，包括对药物的拣、摘、揉、擦、磨、刷、刮、镑、刨、剥、切、捣、敲、碾、簸、箩、筛、劈、锯、扎、榨等；二是水制，就是把药材用水洗或者用水浸泡；三是火制，就是将药材直接或者间接放在火上加热；四是水火共制，就是将药物通过水火共同加热，改变药物性能，起到矫味作用；五是其他制法，如制霜、发酵、发芽等。

李汝珍在《镜花缘》中用了“如法炮制”一语，从此成了人们挂在嘴边的一个常用成语，而其本来面目，就是中药的炮制。

戥

戥（děng）是会意字，从星，从戈。戥的形状像兵器戈，其杆子的刻度标记用铜丝镶嵌而成，铜丝做的小圆点就像星星。戥的本义就是形状像戈，用小铜点做刻度标记的微型秤。

戥子，学名戥秤，是旧时药店专门用来称量贵重药品和香料的精密衡器。因其用料考究，做工精细，技艺独特，也被当作一种品位非常高的收藏品。

据传上海有一位学者去欧洲某医学院进修，曾带去从苏州花钱不多、随手买来的一杆戥子，于圣诞节前夕作为小礼物赠给院长，并附了一张使用说明，介绍中国如何使用这种戥子控制药物用量，以及当时中国许多医院中药配方仍在使用这种传统戥子的情况。出乎意料的是，第二天院长突然召见这位学者，在座的还有几位学院要员，而那杆戥子放置在办公桌上，还有一架天平相伴。院长首先郑重其事地表达了感谢之情，然后请这位学者演示戥子如何操作。在用戥子称了重量后，再用天平复核，果然十分精确，办公室里顿时响起了一片掌声。不久中国这杆古老的衡器配上了精美的座子，陈列在学院收藏室的展览橱窗中，并有文字介绍：中国使用这样的衡器来控制药物用量已有几千年。

相传宋朝主管皇家贡品库藏的官员刘承硅，鉴于当时一般的木杆秤计量精度只能精确到“钱”，远远不能满足贵重物品的称量，经过潜心研制，在公元 1004 ~ 1007 年之间，发明了我国第一杆戥秤，可以精确到分毫，这在当时世界上十分罕见。

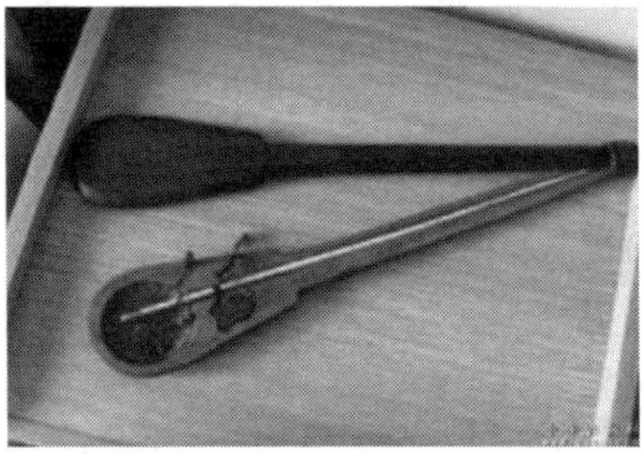

老式戥子秤

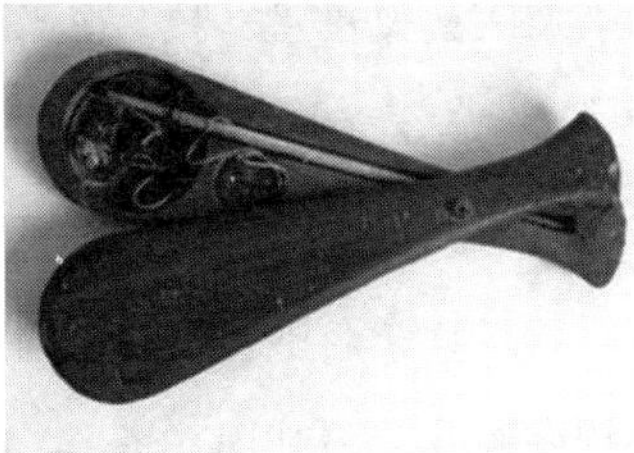

民国戥子秤

药碾

《集韵》：“碾，所以轹物器也。”碾的本义就是碾压，把东西碾成碎末状，由于碾压的对象不同，所以用来碾压的工具也不同，用于碾压药物的工具更有讲究。

药碾子

药碾在汉唐医药文献中的记载尚少，不如杵臼、乳钵使用普遍。但在多处唐墓中有瓷碾发现。后因药碾容量较大，碾磨粉碎的药物较多，又省时省力，故宋代以后在方药著作中出现日频，明代列为药室必备器具，清代使用更为普遍。

中药铺制药的药碾子，学名惠夷槽，据传与华佗行医有关。有一个王铁匠，开了个铁匠铺，靠打制农具为生。一天因炉里崩炸，他被烧成重伤，因没钱治疗，只好硬挺着，铁匠铺也关门了。华佗知道后，每天为王铁匠治伤，也不收药钱。王铁匠伤好后，便来到华佗药铺付账。华佗见王铁匠来付药钱，就说："你的伤好了，我就高兴，药钱不用再提啦！"王铁匠再三要给，华佗执意分文不收。

王铁匠很感动，回到家里，想到华佗为他治伤碾制药面时，累得满头大汗，就决定给华佗铸造一个能碾碎药物的器具，以减少华佗碾药的劳累。经过反复琢磨，王铁匠铸成了一个凹字形的药槽和一个圆轱辘，用圆轱辘在槽里来回碾。自己一试，还真管用。可这东西叫什么名字呢？他正想着，一位教书老先生来铺子打东西，王铁匠就请老先生给起个名字，老先生说：就叫惠夷槽吧！惠是赠，合救命报恩之意；夷是平安，表示把你的伤治好化险为夷；槽，碾药之器。王铁匠听了，连声说好，并立即将它送到华佗药铺。

从此以后，惠夷槽便流传下来。因为惠夷槽主要是用来碾药的，所以又称其为药碾。

四、医学理论与汉字

（一）脉学理论及相关汉字

脉

脉的本义是血管，《素问·脉要精微论》：“夫脉者，血之府也。”引申为脉搏，即心脏收缩时，由于输出血液的冲击引起动脉的搏动。关于脉字的本义，东汉许慎的《说文解字》解释为“血理分衺行体者”，南唐徐锴的《说文解字系传》则补充作“五藏六府之气血分流四肢也”。两者的解释看似类同，其实前面说血，后面说血气，反映了人们对脉字认识的细微变化。

脉学是利用切脉诊治疾病，是中国诊断学中的一项独特方法。我们的祖先很早便发现了人体的血液循环，并且发现通过切脉可以推知内脏器官的病变，相关情况在《黄帝内经》中有详细的记载。在长期实践的基础上，著名医学家扁鹊总结前人经验，创立了脉学。据《史记》记载，扁鹊最初诊脉无固定部位，凡有浅表动脉部位，都可诊循，以后才改为以寸口切脉为主。寸口是人体经脉会合处，切诊寸口可以了解人体气血运行情况。他发明的寸口切脉法一直沿用到今天。

王叔和《脉经》书影

在扁鹊之后，对脉学作出杰出贡献的医家当推王叔和。王叔和出身大族，由于战乱来到南方的荆州，与张仲景的学生卫汛交好，于是对医学特别喜爱。他刚行医的时候，因为家贫穿得破破烂烂的，人们都瞧不起他，也不相信他的医术，他只得背着药箱四处流浪。他来到河南洛阳，想寄住在药铺里行医，可是门面较大的药店掌柜见他穷困潦倒的样子，都不肯收留。后来他来到一家小药铺，说了许多好话，才得以寄住下来为四方过客治病。由于医术精湛，他的名气传遍洛阳，曹操南征荆州，王叔和成为曹操的随军医生，随后被聘为太医令。

王叔和对脉象一直保持着浓厚的兴趣，他治病非常重视切脉，每次看病总是仔细分辨不同病情的脉象，记下来后认真加以研究，久而久之便总结出许多经验。做了太医令后，他更是有条件阅读到许多医学典籍。他对医学史上有关脉学的资料进行认真鉴别和整理，撰写了我国现存最早的一部脉学专著《脉经》。

寸

寸，就是寸口。《说文解字》："寸，十分也。人手却一寸，动脉，谓之寸口。"小篆字形，从又，从一。"寸"是汉字部首之一，从寸的字往往与手有关。距离手腕一寸长的部位为寸口，简称寸。寸口就是两手腕部腕横纹下方，桡骨茎突内侧，桡动脉搏动明显之处，是进行脉诊的部位，包括寸、关、尺三部，又称气口或脉口。张介宾《类经·藏象类十一》云："气口之义，其名有三：手太阴肺经脉也，肺主诸气，气之盛衰见于此，故曰气口；肺朝百脉，脉之大会聚于此，故曰脉口；脉出太渊，其长一寸九分，故曰寸口。是名虽三，其实则一耳。"根据脏腑经络学说，寸口属于手太阴肺经的动脉，肺主气而朝百脉，肺的经脉起于中焦脾胃，脾胃为脏腑气血营养的来源，全身脏腑经脉气血的情况，可从寸口脉上反映出来。

由扁鹊所创的寸口脉分寸、关、尺三部法，对后世的脉学发展产生了深远的影响。六朝时期，医家临诊不再观尺肤了，寸口

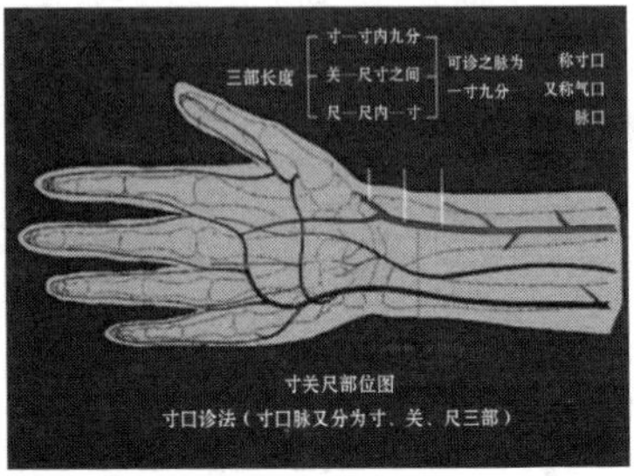

寸口脉

切脉法已由原先的一指，普遍采用二指按切了。但历代医家对关在何处，见解不同，到了明代，名医李时珍说：“掌后高骨是谓关上，关前为阳（寸），关后为阴（尺）。”自此认识才统一起来。

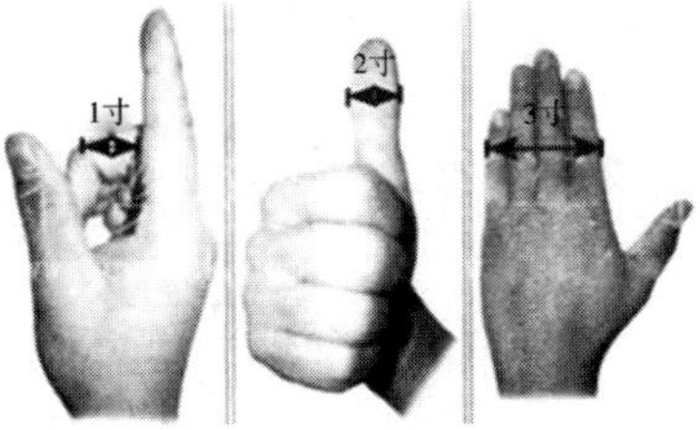

同身寸

中医的“寸”，又指用于针灸取穴中的相对长度单位，如两乳头之间是8寸，脐下3寸是关元。在寻找穴位时，中医有“同身寸”之说。每个人穴位的位置虽然相同，但每个人手指的大小、宽度，依年龄、体格、性别而有极大的不同。因此确定穴位时必须用自己的手指。一指宽——拇指第一关节的宽度，即1寸。三指宽——食指、中指、无名指第一关节宽度的和，即2寸。四指宽——食指、中指、无名指第二关节和小指第一关节宽度的和，即3寸。

经络

在马王堆汉墓出土的医书和其他脉学书中，只有“脉”，还没有经络的名称。到了《黄帝内经》，才把脉行的主要通道叫作经，脉行的分支叫作络。《说文解字》：“经，织也。”经指丝线交叉穿过固定的纬线，《广雅》：“络，缠也。”络则是指围绕主线的分支。

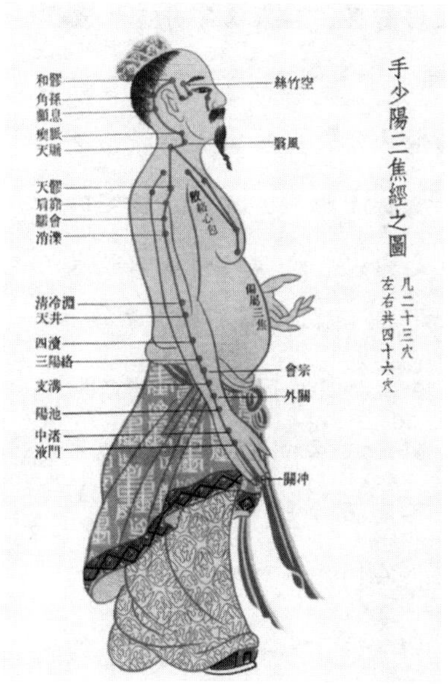

经络图

针术的基础是经络，不明经络，针灸就无从谈起。“经络”这一概念贯穿于整部《黄帝内经》，是其核心概念之一。《黄帝内经》的经络理论系统而且完备，经络系统是古人眼里最重要的人体生理结构，代表了当时东方医学的最高水准。古代学医的人，对经络非常看重，所以有句俗话说：“学医不明经络，开口动手便错。”即使是今天，提到“经络”两个字，人们马上就会自然联想到中医的经络系统。

经络是经脉和络脉的统称，经脉能够纵贯全身，共有十二条，所以叫作十二经脉。经脉之外还有许多分支，这些分支就叫作络脉，除了十六条大络，其他孙络、浮络不计其数。

腧穴

腧（shù）穴就是人体的穴道，古文俞、腧、输三字可以通用，都有输送、转注的意思，后来汉字分工，表示人体穴道的，专门用腧字。古人认为经脉气血之运行，如水之流动，要保持畅通才行，一旦出现阻滞，身体就会不适，甚至患病，而要解除阻滞，就须将特定的地方加以疏通，这些地方就是腧穴。十二经脉从四肢末端至肘或膝方向各有井、荥、输、经、合五个特定穴，总称“五腧”。五腧穴是一些位于四肢远端（上肢在肘部以下，下肢在膝部以下）常用穴位的总称，其中属于五脏（五条阴经）的穴位各有五个腧穴，即井、荥、输、经、合共二十五穴。左、右侧共五十穴，称为脏腧五十穴。用于六腑（六条阳经）的穴位各有六个腧穴，即在井、荥、输、经、合穴之外，又加一个原穴，共三十六穴。左、右侧共七十二穴，称为腑腧七十二穴。这些穴位大多很常用，也能取得不错的治疗效果。

穴位通常都位于十二经脉之上，后来加上任脉和督脉，称为十四经脉，但也有穴位不在十四经脉之上，叫作经外奇穴。唐代孙思邈发现了阿是穴（即根据疼痛点取穴），也就是不定穴，后

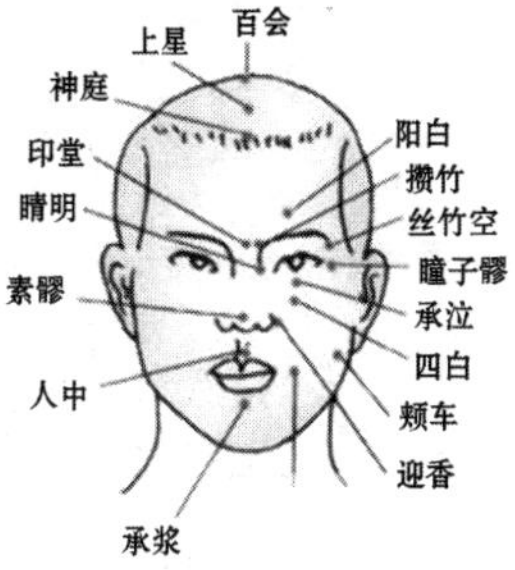

面部穴位

明代针灸穴位铜人
（湖北省博物馆藏）

来的经外奇穴，许多来自阿是穴。从孙思邈开始，经外奇穴的数量也逐渐增加。

北宋翰林医官王惟一，发现平面的经络穴位挂图很难解释得清经络、穴位与脏腑之间的关系。因为平面图都是截取一面，整体感不强，所以王惟一铸造了一个和真人一样大小的模型，外壳可以装配，拆卸方便，标明经络和穴位，并且用作考试之用，考生准确刺中穴位时，就有清泉从体内喷出，选错穴位，则根本无法刺入铜人的体内，因此为经络的教学提供了莫大的方便，为后世所沿用。明清两代，也都铸造了针灸用的铜人。

穴位为数众多，用途与位置也各不相同，古代将各类穴位进行归类处理，其中最常见的分法就是五腧穴，即井、荥、输、经、合五种穴位。

井

井穴，五腧穴的一种，穴位均位于手指或足趾的末端处。《灵枢·九针十二原》："所出为井。"也就是指在经脉流注方面好像水流开始的泉源一样。"井"为地下出泉，形容脉气浅小。全身十二经脉各有一个井穴，故又称"十二井穴"。十二井穴，其名称是：肺——少商，大肠——商阳，心包——中冲，三焦——关冲，心——少冲，小肠——少泽，脾——隐白，胃——厉兑，肝——大敦，胆——（足）窍阴，肾——涌泉，膀胱——至阴。手部井穴指手指端的少商、商阳、中冲、关冲、少冲、少泽等六穴（左、右共十二穴），为治疗中风、突然昏倒的急救要穴。

井穴是十二经脉之"根"，阴阳经脉之气相交之所，有疏通气血、开窍醒神、泄热清神的作用。

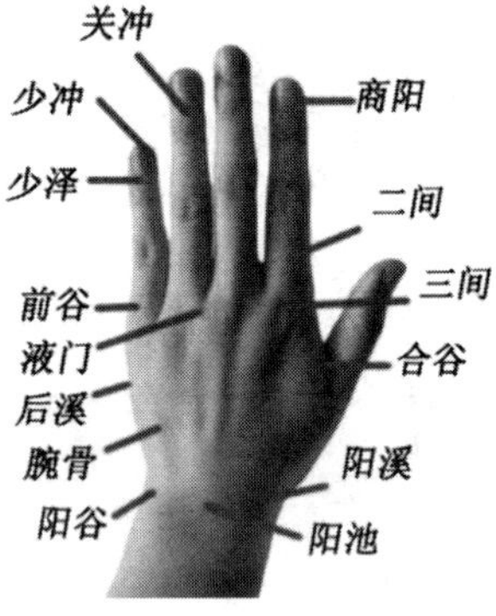

手部部分井穴

荥

荥本指小水成流。《说文解字》："荥，绝小水也。"杨上善《明堂》注："水溢为荥，谓十二经脉从指出已，流溢此处，故名为荥。"用以形容位于井穴之后的第二穴。

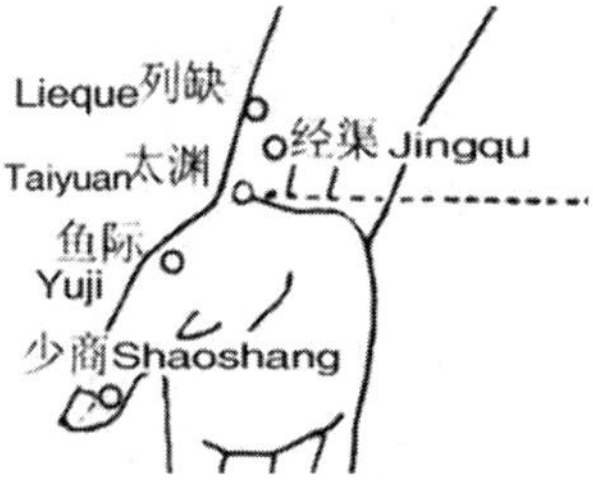

鱼际（荥穴之一）

经气流行的部位，象浅水流，荥迂未深，叫荥穴，五腧穴之一。《灵枢·九针十二原》："所溜为荥。"意为脉气至此渐大，犹如泉之已成小流，荥穴因此得名。荥穴多分布在指（趾）、掌（跖）关节附近，其临床应用，《灵枢·顺气一日分为四时》曰："病变于色者，取之荥。"《难经·六十八难》又曰："荥主身热。"说明荥穴主要应用于发热病症。

例如位于手太阴肺经的鱼际就是荥穴之一，位置在手拇指本节（第一掌指关节）后凹陷处，约当第一掌骨中点桡侧，赤白肉际处。主治咳嗽、咯血、咽喉肿痛、失音、发热、掌中热。现多用于治疗支气管炎、扁桃体炎、咽炎、鼻炎、心悸、小儿单纯性消化不良等。

输

输，指水流渐大可输送、灌注。《说文解字》：“输，委输也。”杨上善撰注《黄帝内经太素》注：“输，送致聚也。”《难经 · 八十一难》曰：“五藏输者，三焦行气之所留止。故肺气与三焦之气送致聚于此处，故名为输也。”用以形容位于荥穴之后的第三穴。《灵枢 · 九针十二原》：“所注为输。”意指脉气至此已较强盛，如水流能注输于深处。

输穴位于腕踝关节附近，阳经输穴主治各经痛症及循经远道病症；阴经输穴即各经原穴，主治及反应所属脏器病症。输穴多分布在腕踝关节附近。其临床应用，《灵枢 · 顺气一日分为四时》曰：“病时间时甚者，取之输。”《难经 · 六十八难》曰：“俞主体重节痛。”说明

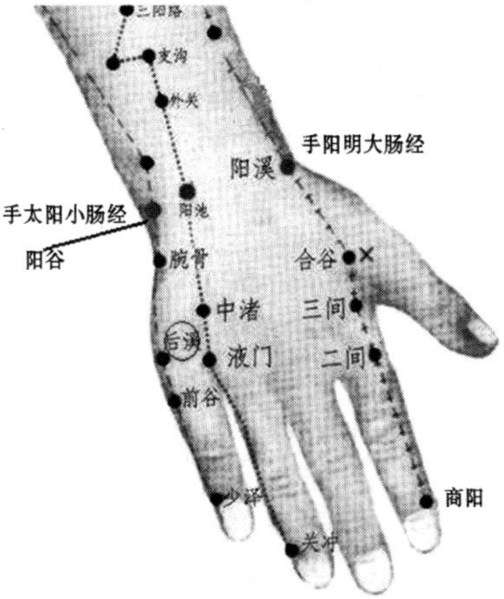

手背经络图

输穴适用病情时轻时重、时作时止和肢体重着、骨节酸痛者。

后溪就是输穴之一，属于八脉交会穴（通于督脉），在小指尺侧，第五掌骨小头后方，当小指展肌起点外缘；有指背动、静脉，手背静脉网；布有尺神经手背支。治头项强痛、腰背痛手指及肘臂挛痛等痛症，以及耳聋、目赤、狂痫、疟疾。后溪是治疗落枕与脖子不适的穴位。

经

经，指水流行经较直、较长。《尔雅·释水》："直波曰经。"杨上善《太素》注："经，常也。水大流注，不绝为常。血气流注此，徐行不绝，为之常也。"用以形容位于输穴之后的第四穴。

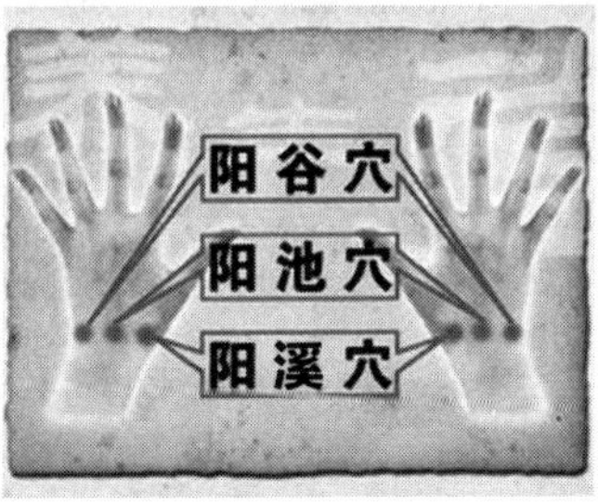

阳谷（经穴之一）

经穴，主要用于循经远道，作为配穴用于治疗寒热、喘咳等症。这一经穴指的是五腧穴的经穴，而非十四经脉的任意穴位。

《灵枢·九针十二原》："所行为经。"意为脉气至此，犹如通渠流水之迅速经过，故名。经穴多分布在腕、踝关节附近及臂、胫部，其临床应用，《灵枢·顺气一日分为四时》："病变于音者，取之经。"《难经·六十八难》："经主喘咳寒热。"十二经脉各有一个经穴，位置多在腕、踝关节附近，即经渠、间使、灵道、商丘、中封、复溜、阳溪、支沟、阳谷、解溪、阳辅、昆仑。

合

合，指水流汇合入深。杨上善《太素》注："如水出井以至海为合，脉出指井，至此合于本藏之气，故名为合。"用以形容位于经穴之后肘膝关节附近的第五穴。

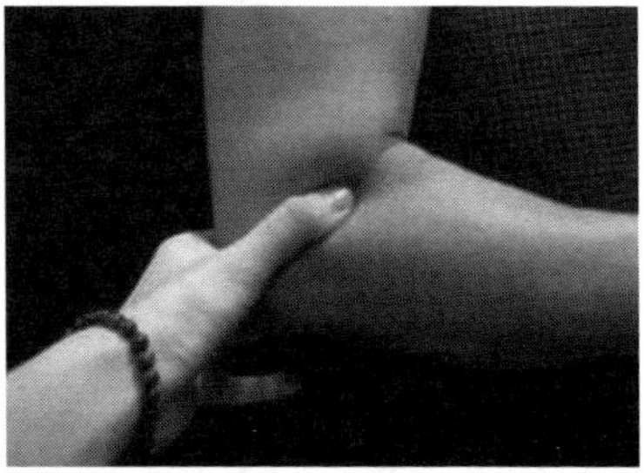

曲池（合穴之一）

合穴均位于肘关节或膝关节的部位。阴经合穴用于胸部及腹部病症；足阳经合穴主要用于腑病；手阳经合穴多用于外经病症。《灵枢·九针十二原》："所入为合。"意为脉气自四肢末端至此，最为盛大，犹如水流合入大海。合穴多分布在肘、膝关节附近。《灵枢·顺气一日分为四时》曰："经满而血者，病在胃及以饮食不节得病者，取之于合。"《难经·六十八难》又曰："合主逆气而泄。"

指合穴主要用于六腑病症。

全身十二经各有一个合穴，按照十二经与穴位配对的结果，其名称分别是：肺经——尺泽，大肠经——曲池，心包经——曲泽，三焦经——天井，心经——少海，小肠经——小海，脾经——阴陵泉，胃经——足三里，肝经——曲泉，胆经——阳陵泉，肾经——阴谷，膀胱经——委中。

（二）藏象理论及相关汉字

藏（脏）

《说文解字》“臧”字，段玉裁注云：“凡物善者必隐于内也。以从艸之藏为臧匿字，始于汉末。……从臣，戕声。”脏字本作臧，后来加上草字头，在后世医书中又加上肉旁，成为“臟”字，今天简体字写作“脏”。藏象就是中医有关五脏六腑的理论。五脏六腑，是中国人用了几千年的一个名词，指人体内的主要器官。脏是指实心有机构的器官，心、肝、脾、肺、肾为五脏，习惯上把心包络附属于心，胰附属于脾。脏者，藏也。心藏神、肺藏魄、肝藏魂、脾藏意与智、肾藏精与志、故称为五脏。

《说文解字》用五行观解释人体五脏，称“肾，水脏也”；“肺，金脏也”；“脾，土脏也”；“肝，木脏也”；“心，人心，火脏也”。它继承了《黄帝内经》中的阴阳五行学说。用今人的眼光来看中医五行学说的配属关系，其间并无科学的内在联系，但也不能认为是毫无道理的臆说。例如肝，具有调畅人体气机，开发主动的特点，而树木生长的形态就是枝干向外周舒展，所以肝属春，属木。《说文解字》“肺”下段玉裁注引郑玄说：“今医病之法，以肝为木，心为火，脾为土，肺为金，肾为水，则有瘳也。若反其术，不死为剧。”这种认识今天也不宜轻易否定。

《说文解字》虽不是医学著作，但书中对心、肺、脾、肾等内脏名称、大小和位置等的记载，与我国传统医学的开山之作《黄帝内经》一脉相承。很多名称现代解剖学仍沿用，很多资料经过核对，与现代人体解剖学相关内容相似，这说明古人确是经过解剖与测量的。可见我们的祖先早已在活人身上度量，并对尸体进行解剖观察。这可能是世界上最早的人体解剖学。

心

心是个象形字，《说文解字》：“人心，土藏，在身之中。象形。博士说以为火藏。”段玉裁说心为土藏，是古文经学的看法，心为火藏，是今文经学的看法，按照中医的理论，心为火脏。心居于胸腔，在五行属火，起着主宰生命活动的作用，故称之为“君主之官”。中医学藏象理论将人的精神、意识、思维活动分属于五脏，而且主要归属于心的功能。由于血液是神志活动的主要物质基础，故心主神志的功能主要依赖于心血的营养作用。心主神志的功能正常，则精神振奋、神志清晰、思维敏捷、反应灵敏。

心开窍于舌，是指舌为心之外候，又称舌为“心之苗”。心在液为汗。汗液，是津液通过阳气的蒸腾汽化后，从玄府（汗孔）排出的液体。由于汗为津液所化生，血与津液又同出一源，所谓“汗血同源”，而血又为心所主，故有“汗为心之液”之称。

心其华在面。华，是光彩之义。心其华在面，是指心的功能正常与否，可以从面部色泽的变化显露出来。由于心主血脉，而头部和面部的血脉分布又极为丰富，所以心气旺盛，血脉充盈，则面部红润而有光泽。

古代汉语中“心”的内涵比现代广泛，因此汉字中以“心”、“忄”为偏旁的，或者含有“心”字的，多与人的思维、情感有关。

肝

肝，《说文解字》：“木藏也。从肉，干声。”肝位于腹腔，膈膜之下，右胁之内。肝为魂之处，血之藏，筋之宗，在五行中属木，主动主升，被称为“将军之官”，主谋虑。肝的生理功能为主疏泄，又主藏血，与人的情志活动有关，并促进人体的消化和气、血、水的正常运行。故其生理特性可概括为：肝为刚脏，体阴而用阳；肝喜条达而恶抑郁。

肝开窍于目，肝血不足则视物昏花，或夜盲；肝阴亏耗，则双目干涩，视力减退；肝火上炎，可见目赤肿痛；肝阳上亢，可见目眩；肝风内动，可见目睛斜视和目睛上吊；肝胆湿热，可出现巩膜黄染等。

肝与胆相表里，有经络联系。中医学认为，胆汁的形成是“借肝之余气，溢入于胆，积聚而成”，肝的疏泄功能也表现在胆汁的分泌和排泄上。若肝失疏泄，胆道不利，则影响胆汁的正常分泌与排泄，出现胁痛、食少、口苦、呕吐黄水或黄疸等症。

正因为肝胆的这种关系，所以在汉语成语中，常将肝胆配在一起，如“披肝沥胆”、“肝胆相照”、“忠肝义胆”等。

脾

脾，《说文解字》：“脾，土藏也。从肉，卑声。”脾位于中焦，在膈之下，主运化水谷精微，为人身气血生化之源，故被称为“仓廪之官”、“后天之本”。脾气主升，具有运化水谷、水湿之功，并能统摄血液，是消化系统的主要脏腑之一。其在志为思，在液为涎，在体合肌肉、主四肢，在窍为口，其华在唇。其经脉与胃相连，形成表里关系。

人出生以后，饮食水谷是机体所需营养的主要来源，也是化生气血的主要物质基础，是生命的根本。而食物的消化、水谷精微的吸收、布散，主要靠脾的运化功能才能完成。所以脾有“后天之本”、“气血生化之源”之称。

脾开窍于口，是指人的饮食、口味等与脾的生理功能有关。若脾气健运，则食欲旺盛、口味正常。若脾有病变，则容易出现食欲的改变和口味的异常，如食欲不振、口淡乏味等。若湿困脾气，则可出现口甜、口粘的感觉。脾主肌肉，又为气血化生之源，口唇亦由肌肉所组成。因此，口唇的色泽不但是全身气血盛衰的反映，又与脾运化功能是否正常有密切的关系。脾失健运，气血旺盛，则口唇红润，有光泽。若脾虚不运，气血不足，则唇淡白不泽，或者萎黄。

肺

“肺”字在《说文解字》里解释为：“肺，金藏也。

从肉，市声。”意思是在五行中，与金相配的是肺，它的来源是今文《尚书》，这是秦汉以来比较权威的说法。这样的归属是将肺的生理功能同金的特性比较后得出来的，对中医临床有实际的指导作用，这也说明传统中医是由生活实践长期积累而来的。

古人认为，肺为清脏。《黄帝内经》说：“肺者，气之本。”现在一般认为，这是讲肺有主气、司呼吸的功能。《医贯·内经十二官·形景图说》指出，肺“乃清浊之交运，人身之橐龠。”说明肺是身体内外气体交换的场所。只有肺司呼吸的功能正常，才能保证体内的浊气得以排出，大自然的清气得以吸入；如果呼吸一旦停止，浊气不能排出，清气不能吸入，体内外之气不能进行交换，则生命也将随之告终。

肺在五脏当中还被称为“娇脏”，这是因为肺脏不耐寒热，容易感受外邪。肺脏受了邪，常可表现出咳嗽、咯血、气喘等症状，这时就须要针对不同的病邪进行治疗。如果病情迁延，日久不愈，就可能会发展成为“肺胀”，本虚标实，治疗起来就比较有难度了。

肾

肾，《说文解字》：“水藏也。从肉，臤声。”“臤”

字，段玉裁云："从又，臣声。谓握之固也。"因此肾本来有坚固之意。肾位于腰部，在脊柱两旁，左右各一，故《素问》说："腰者，肾之府。"由于肾藏先天之精，为脏腑阴阳之本，生命之源，故称肾为"先天之本"。肾的主要生理功能是藏精，主生长发育和生殖，主水液、主纳气。肾与其他组织器官的关系是：肾主骨、生髓、通于脑，齿为骨之余。其华在发，开窍于耳及二阴，在志为恐，在液为唾。肾与膀胱通过经脉的相互络属，构成表里关系。

肾性潜藏，为固摄之本。在五脏之中，肾的位置最下，在生理功能方面主藏蓄阴精，又主命火。肾精宜藏，最忌耗泄损伤，命火宜潜于水中，不宜升腾。正是由于肾的封藏固摄作用，才使元阴元阳得以闭藏，生命力才能旺盛，身体才能健康。若肾有病变，使肾的封藏、固摄机能失职，就会引起阴精耗损妄泄，表现为遗精、带下、滑胎、尿浊、尿甜等。

肾有主骨、生髓的生理功能，中医学认为，肾藏精，精生髓，髓藏于骨腔之中，髓养骨，促其生长发育。肾精充足，髓化生有源，骨质得养，则发育旺盛，骨质致密，坚固有力。反之，如肾精亏虚，骨髓化生无源，骨骼失其滋养。在小儿，就会骨骼发育不良或生长迟缓，骨软无力，囟门迟闭等；在成人，则可见腰膝酸软、步履蹒跚，甚则脚痿不能行动；在老年，则可见骨质脆弱，易于骨折等。

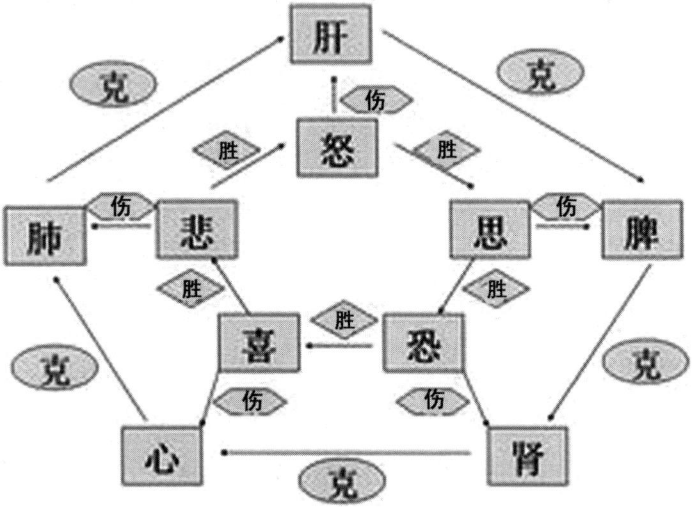

五脏与情绪的关系

府（腑）

府，原指文书收藏之处。从广，付声。后来加上肉旁，成为“腑”字。腑是指空心的器官，有胆、胃、大肠、小肠、膀胱、三焦，受五脏浊气，名传化之府，故为六腑。

六腑和人体的消化功能关系非常密切。上古的典籍里记载，食物进入口中，在消化的过程中，要经过人体内的七道门户，《难经》称为“七冲门”，其中经过肠道的这道门户称作“阑门”，胆就参与调节阑门的正常功能。现在看来，古人的论述很有道理，比如患胆囊炎时，病人看到油腻的食物会恶心，吃了高脂肪餐会引起腹部的疼痛，都是阑门功能异常引起的；又如胆管梗阻的时候，胆汁不能排放到肠道，病人除了有皮肤黄染，还会厌食、腹胀，大便还会变成灰白色，这些都是消化功能异常、阑门不利的表现。

胆

胆，《说文解字》：“胆，连肝之府。从肉，詹声。”胆即胆囊。人们常以胆喻苦，越王勾践卧薪尝胆的故事家喻户晓。其实胆囊本身并不苦，苦味是因为胆囊中贮藏了胆汁的缘故，胆汁是黄绿色的，非常苦。古人不知道胆汁是肝脏分泌的，认为胆汁是精纯、清净之物，故把胆汁称为“精汁”，因为胆有内盛胆汁的功能，故把胆囊称为“中精之府”。

古人认为，胆除了能贮藏和排泄胆汁，还是主决断的脏腑，“决断”这个词的意思有判断和决定两层含义。胆不仅被古人称为“中精之府”，还被称为“中正之官”，中正是不偏不倚的意思。古代的医家认为“胆”这个腑器有明辨是非的功能，而且和人的勇气有关，胆气豪壮的人，就勇敢不怕惊吓，“胆量”这个词就是这么来的。《三国演义》里描写张飞的英勇，讲他在桥头大喝一声，把曹操的一员大将吓得胆都破了，“咕咚”一声从马上摔了下去。

有些人天生胆气就比较虚，中医称为“胆怯”。胆怯的人很容易受到惊吓，而且很容易做梦。易惊、善恐、多梦就是胆怯病人的主要症状，临床上多用朱砂、茯苓神、琥珀、磁石这些镇静安神的药治疗，还有一种专治小儿受惊啼哭的“小儿抱龙丸”效果很好，可惜现在市面上很少能买得到了。

绝大多数动物的脏器对人体的相应脏腑有很好的补益作用，但是胆比较特殊，动物胆汁的成分比较复杂，往往有一定的毒性，所以最好不要随意服用。古人的食疗方里也不把胆入药，更多的时候还是取胆汁清热解毒的作用，比如把猪胆汁调了黄檗粉外涂来治疗疔疮。食物入口一定要慎重，并非珍贵的东西吃了都有益处。

胃

胃，《说文解字》：“胃，谷府也。象形。”人体的胃与前文所讲到的脏器有所不同，它是空腔器官，中医称为腑。金文“胃”字上部就是胃的象形，外部圆圈表示胃囊，其中像“米”字的部分表示胃中的食物；下部“肉”隶变为“月”。《素问》：“胃者，仓廪之官。”

胃主受纳，主腐熟。受纳指胃接受食物和盛纳食物，如《内经》云：“胃为水谷之海。”腐熟是指胃有初步消化食物之功能。经胃初步消化后的食物分为清、浊两部分。其清者即津液，由脾吸收运化送至全身各处，故有“脾为胃行其津液”之说。其浊者，由胃下行至小肠，再行进一步消化，故有“胃以降为顺”的说法。若胃失和降，浊气上逆时，则出现恶心呕吐，胃脘疼痛等症。

胃之所以能受纳饮食与腐熟水谷，主要是依靠胃气的功能。胃气一般泛指胃的消化功能。《灵枢》云：“五脏六腑皆禀气于胃。”可见人以胃气为本。胃为脾之府，脾气受自胃气，胃气则来自五谷之气，因此历代医学皆重视保护胃气，有“有胃气则生，无胃气则死”的说法。

膲

膲（jiāo）几乎是中医专用汉字，原本写为三膲，就是中医的三焦。三焦，为六腑之一，是上、中、下三焦的合称。关于“焦”字的含义，历代医家认识不一。

有人把“焦”当作“膲”，膲为体内脏器，是有形之物；有人认为“焦”字从火，为无形之气，能腐熟水谷之变化；有人把“焦”字当作“樵”字，樵，槌也，节也，谓人体上、中、下三节段或三个区域。

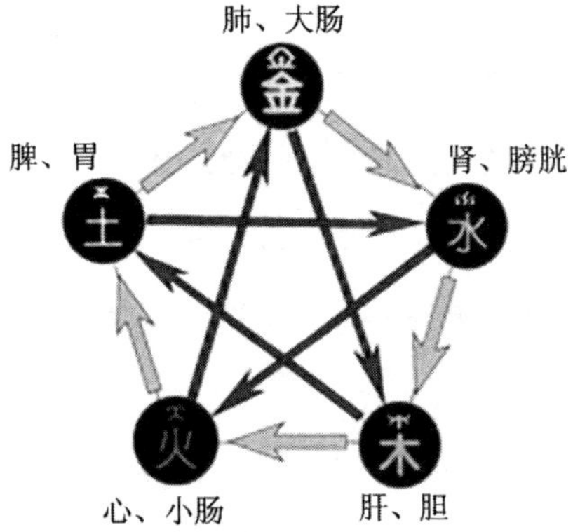

中医五行生克图

三焦是中医藏象学说中一个特有的名词，六腑之一，指位于躯体和脏腑之间的空腔，包含胸腔和腹腔，人体的其他脏腑器官均在其中，是上焦、中焦和下焦的合称，即将躯干划分为3个部分，横膈以上内脏器官为上焦，包括心、肺；横膈以下至脐内脏器官为中焦，包括脾、胃、肝、胆等内脏；脐以下内脏器官为下焦，包括肾、大肠、小肠、膀胱。

三焦作为六腑之一，一般认为它是分布于胸腹腔的一个大腑，惟三焦最大，无与匹配，故有“孤府”之称。正如张景岳所说：“三焦者，确有一腑，盖脏腑之外，躯壳之内，包罗诸脏，一腔之大腑也”。

五、养生与汉字

古代所说的养生，概念的外延要比今天宽广。养生也叫作摄生、卫生，包括卫生防疫、使用药物调养，也包括导引吐纳等养生锻炼方法，其目的都在于防止疾病，或者将疾病消灭在萌芽状态。古代科技水平低下，一旦酿成大病，生命就处于危险之中，因此古人很重视疾病的预防，《素问》中就有大量的篇幅描述如何避免生病。养气致和，健康无病，成为古人追求的理想之一。在明代高濂《遵生八笺》一书中，山水园林、琴棋书画、古玩赏鉴、药物导引等，无不兼备，是古代士大夫文化的写照，也反映了中国人固有的珍惜生命、热爱生活的人生智慧。

（一）卫生习俗及相关汉字

古人很早就形成了良好的卫生习俗，在这些习俗中，许多都与预防疫病有关。一般疾病不会威胁大范围人群的生命安全，但疫病则不然，在古代史书上记载的疫病时有所见。为了对付疫病，古人在一些节日中，加上了预防疫病的措施，例如著名的端午节，就可以说是古代卫生防疫的节日。

瘟疫

瘟原本写作“温”，在古代文献中“瘟”与“温”经常混用，后来为了区别开来，出现了表示瘟疫的“瘟”字。疫，《说文解字》：“民皆疾也。从疒，役省声。”瘟疫是急性传染病流行的通称。

瘟疫在中国史料中早有记载。如《周礼·天官·冢宰》：“疾医掌养万民之疾病，四时皆有疠疾。”《吕氏春秋·季春纪》：“季春行夏令，则民多疾疫。”《素问·刺法论》指出：“五疫之至，皆相染易，无问大小，病状相似。”

《伤寒杂病论》的序言中说：“余宗族素多，向余二百。建安纪年以来，犹未十稔，其死亡者，三分有二，伤寒十居其七。”伤寒，除了指外感热病外，也包括了当时的烈性传染病，可见当时瘟疫之猖獗。

曹植《说疫气》云：“建安二十二年，疠气流行，家家有僵尸之痛，室室有号泣之哀。或阖门而殪，或覆族而丧。或以为疫者，鬼神所作。夫罹此难者，悉被褐茹藿之子，荆室蓬户之人耳！若夫殿处鼎食之家，重貂累蓐之门，若是者鲜焉。此乃阴阳失位，寒暑错时，是故生疫，而愚民悬符厌之，亦可笑也。”

瘟疫，古人单称瘟、温或疫，是一种急性传染病。在古代民智未开，医疗条件低劣的情况下，人们对这种疾病恐惧至极，很容易认为是鬼神作祟。因此乞求神灵保护，当是很早就出现的行为。

瘟神又称五瘟使者，简称五瘟神，是中国古代民间信奉的司瘟疫之神。其信仰源于古人对瘟疫的恐惧，《素问》中载五疫之至，皆相染易。道教所信奉的瘟神，传说始于隋唐。据《三教源流搜神大全》称，隋文帝开皇十一年（591 年）六月，有五力士出现在空中，距离地面三至五丈，身披五种颜色的长袍，手中各执一物。其中一人手执勺子和罐子，一人手执皮袋和剑，一人手执扇子，一人手执锤子，一人手执火壶。即：春瘟张元伯，夏瘟刘元达，秋瘟赵公明，冬瘟钟仕贵，总管中瘟史文业。

瘟神像

艾

艾，就是艾蒿，有香气，叶可入药，做成艾绒，用来艾灸。《尔雅·释草》：“艾，冰台。”郭璞注：“今艾蒿。”《说文解字》：“冰台也。从艸，乂声。”

《本草纲目》云：“凡用艾叶，须用陈久者，治令软细，谓之熟艾，若生艾，灸火则易伤人肌脉。”因此，必须用陈旧的艾叶，且以三年陈为最好，有“七年之病必求三年之艾”的说法。新艾燃之不易熄灭，令其人灼痛；陈艾易燃易灭，可以减少灼痛之苦。艾绒必须预先备制。取陈艾叶经过反复晒杵，令其软细如棉，成为艾绒，才可以使用。每年的五月是采艾叶的最佳时期，采摘的鲜艾叶经过反复日晒后的干品即为生艾，生艾叶是中药材原料，也是制作陈艾叶、艾绒的原料。

在长沙马王堆三号汉墓出土的众多文物中，作为宫廷用物的三篇有关经脉灸法的帛书，大大提高了人们对中医艾灸的认识。

艾草与中国人的生活有着密切的关系。每至端午节之际，人们总是将艾置于家中以避邪，干枯后的艾叶泡水熏蒸可以消毒止痒，产妇也多用艾水洗澡或熏蒸。

艾草代表招百福之意，是一种可以治病的药草，插在门上，可使身体健康。有关艾草可以驱邪的传说已经流传很久，宗懔的《荆楚岁时记》中记载曰："鸡未鸣时，采艾似人形者，揽而取之，收以灸病，甚验。是日采艾为人形，悬于户上，可禳毒气。"一般人也有在房屋前后栽种艾草以求吉祥的习俗。

艾蒿原植物

药材艾叶

蒲剑艾虎

在端午摆置种种可驱邪的花草，由来已久。最早的如挂艾草于门，《荆楚岁时记》："采艾以为人，悬门户上，以禳毒气。"这是由于艾为重要的药用植物，可制成艾绒治病；灸穴，又可驱虫。五月艾含艾油最多，此时正值艾生长旺期所以功效最好，人们也就争相采艾了。除采艾扎做人外，也将艾扎做虎形，称为艾虎，《荆楚岁时记》注文云："以艾为虎形，或剪彩为小虎，帖以艾叶内人争取戴之。"同时也在门上挂蒲束及葛蒲削的蒲剑，蒲束扎的蒲龙。《帝京岁时纪胜》："（端午）插蒲龙艾虎。"《清嘉录》卷五："戴蒲为剑，割蓬作鞭，副以桃梗蒜头，悬于床户，皆以却鬼。"桃梗是辟邪之吉物，蒜头被认为象征着武器铜锤，与蒲剑、蓬鞭相配，以赶却鬼祟，另外还焚烧艾蒿等以驱赶蚊蝇。在湖南、浙江等地则采葛藤挂于门窗上，传说葛藤是锁鬼的铁链子，可驱鬼辟邪。

荃

荃（quán），《尔雅翼 · 释草》："荃，菖蒲也。"荃就是菖蒲，也可以称为"荪（sūn）"。《说文 · 艸部》："荪，香草也。从艸，孙声。"菖蒲为多年生草本植物，生在水边，地下有根茎，叶子形状像剑。根茎可作香料，又可作健胃药。根茎供药用，8～9月采挖根茎，除去茎叶及细根，晒干，有开窍、化痰、健胃的功能。菖蒲生性粗放，适应能力强，无须特别照看便可繁茂生长，而且很少有病虫害发生。

古人把菖蒲当作神草，把农历四月十四日定为菖蒲的生日。传说尧时天降精于庭为韭，感百阴之气为菖蒲。方士把菖蒲做成水剑，也是因为叶形像剑的缘故。

菖蒲是我国传统文化中可防疫驱邪的灵草。菖蒲在寒冬刚尽时觉醒，“不假日色，不资寸土”，耐苦寒，安淡泊，因此深受人们的喜爱。江南每逢端午节，悬菖蒲、艾叶于门窗，饮菖蒲酒，用来祛避邪疫。夏秋之夜，燃烧菖蒲、艾叶，用来驱蚊灭虫，这种习俗保留至今。

端午节在门上挂艾草、菖蒲（蒲剑）或石榴、胡蒜，都有其原因。通常将艾叶、菖蒲用红纸绑成一束，然后插或悬在门上。因为菖蒲象征驱除不祥的宝剑，插在门口可以避邪，所以方士们称它为“水剑”，后来的风俗则称为蒲剑，认为可以“斩千邪”。

菖蒲原植物

药材菖蒲

芸

芸，《说文解字》："芸，草也，似目宿。从草，云声。《淮南子》说：芸艸可以死复生。"

芸香为多年生草本植物，其下部为木质，又称芸香树；生长于山坡草地；花叶香气浓郁，可入药，有驱虫、祛风、通经的作用，还可以清热解毒、散瘀止痛；用于感冒发热、牙痛、月经不调、小儿湿疹；外用治疮疖肿毒、跌打损伤。

芸就是芸香，有强烈气味，古人用来驱虫蠹。芸香草是古代常用的书籍防虫药草，《梦溪笔谈》言古人藏书驱蠹虫用芸香，南方人用芸香置于席子之下，可以去除蚤虱。后世人云书香之家，书香二字，也是因为芸香而来。"书香"最早的由来，是因为芸草散发出的香味能杀死书虫，读书人就把芸草夹在书中，把芸香香气称为"书香"。著名的天一阁藏书楼，其中的藏书号称无蛀书，就是因每本书都夹有芸草的缘故。因芸香与书结缘，因此芸香也就有了与书卷相关的称呼，如唐代的校书郎，就有别名"芸香吏"。

芸香原植物

药材芸香

茱萸

茱，《说文解字》：“茱，茱萸，茮（jiāo）属。从艸，朱声。”茱萸有三种，食茱萸的果实可以吃，吴茱萸的未成熟果实可入药，山茱萸的果实也可以入药。《西京杂记》卷三：“九月九日，佩茱萸，食蓬饵，饮菊花酒，令人长寿。”

茱萸香气辛烈，可入药。古俗农历九月九日重阳节，佩茱萸能祛邪辟恶。茱萸是一种常绿带香的植物，有杀虫消毒、逐寒祛风的功能。按中国古人的习惯，在九月九日重阳节时爬山登高，臂上佩戴茱萸囊，以示对亲朋好友的怀念。“遥知兄弟登高处，遍插茱萸少一人”，王维诗句中所说的，正是古人的这种习俗。不管是佩茱萸还是头插菊花，目的都是为了辟邪。

重阳节与茱萸的关系，可见《续齐谐记》中记载的一个故事。汝南人桓景随费长房学道。一天，费长房对桓景说，九月九那日，你家将有大灾，其破解办法是叫家人各做一个彩色的袋子，里面装上茱萸，缠在臂上，登高山，饮菊酒。九月初九这天，桓景一家人照此而行，傍晚回家一看，果然家中的鸡犬牛羊都已死亡，而全家人因外出而安然无恙。于是茱萸辟邪的习俗便流传下来。

茱萸入药以吴地产的为佳，所以又称吴茱萸。吴茱萸的名字也有民间传说。相传在春秋战国时期，吴国每年都得按时向楚国进贡。有一年，吴国的使者将本国特产的药材“吴萸”献给楚王。但楚王爱的是金银财宝，根本看不起土药材，于是大发雷霆，令人将使者赶出宫去。楚王有位姓朱的大夫，将吴国使者接回其家中，吴国使者说，吴萸有温中止痛、降逆止吐之功，善治胃寒腹痛等症，素闻楚王有胃寒腹痛的痼疾，故而献之，不想楚王不分青红皂白。吴国使者回国后，朱大夫将吴萸精心保管起来。

次年，楚王旧病复发，腹痛如刀绞。朱大夫将吴萸煎熬，献给楚王服下，片刻止痛，楚王大喜，重赏朱大夫，并询问药物的来源，朱大夫便说是吴国使者所献之药。楚王非常懊悔，一面派人向吴王道歉，一面命人种植吴萸。后来楚国瘟疫流行，腹痛的病人到处都有，全靠吴萸挽救了他们的性命。楚国人为感谢朱大夫的救命之恩，把吴萸改称吴朱萸。后世医家正式取名为吴茱萸，沿用至今。

茱萸原植物

药材吴茱萸

蕙

蕙，《玉篇》：“香草也，生下湿地。”《梦溪笔谈》：“蕙，今零陵香是也。”此草即佩兰，或者叫作薰草、蕙草。由于蕙草盛产于湖南永州的零陵，所以其有一别名“零陵香”，是零陵香豆的古别称。这个“蕙”跟蕙兰的蕙所指不同，蕙兰是兰花。零陵香之名始载于《嘉祐本草》，《名医别录》名为薰草。

蕙草常用以治心腹恶气、齿痛、鼻塞等症。《太平御览》卷九八二引曹操《内诫令》：“房室不洁，听得烧枫胶及蕙草。”晋嵇含《南方草木状》：“蕙草一名薰草，叶如麻，两两相对，气如蘼芜，可以止疠。”《山海经·西山经》：“（浮山）有草焉，名曰薰草，麻叶而方茎，赤华而黑实，臭如蘼芜，佩之可以已疠。”明李时珍《本草纲目·草三·薰草》引苏颂《图经本草》曰：“零陵香，今湖广诸州皆有之。多生下湿地，叶如麻，两两相对，茎方，常以七月中旬开花，至香，古云薰草是也。”

佩兰可以做成药枕和香囊。佩兰古时又称为“醒头草”。将佩兰置于枕芯做内枕，可起到芳香行散、开窍提神之功效，有助于治疗鼻塞。将佩兰放入香囊内佩带，具有芳香化浊的功效，可以预防多种呼吸道疾病。

佩兰也可以做成沐兰汤。端午日洗浴兰汤是《大戴礼记》记载的古俗。当时的兰不是现在的兰花，而是菊科的佩兰。《九歌·云中君》亦有“浴兰汤会沐芳”之句。《荆楚岁时记》：“五月五日，谓之浴兰节。”《五杂俎》记明代人因为“兰汤不可得，则以午时取五色草拂而浴之。”后来一般是用煎蒲、艾等香草洗澡。在广东，则用艾、蒲、凤仙、白玉兰等花草；在湖南、广西等地，则用柏叶、大风根、艾、蒲、桃叶等煮成药水洗浴。不论男女老幼，全家都洗，此俗至今尚存，据说可治皮肤病、去邪气。

在佛教中，零陵香即多揭罗香。多揭罗树常用来制作薰香，以此树所制成的香名为多揭罗香。《金光明最胜王经》卷六《四天王护国品》云：“应取诸香，所谓安息、旃檀、龙脑、苏合、多揭罗、薰陆，皆须等分和合一处。手执香炉，烧香供养。”

零陵香原植物

药材零陵香

（二）养生保健及相关汉字

1. 用于养生的药物用字

芝

灵芝，《说文解字》："芝，神草也。从艸，从之。"段注："神芝也。《释艸》曰："茵芝。"《论衡》曰："土气和，故芝草生。从艸，之聲。"《神农本草经》把灵芝列为上品，谓紫芝"主耳聋，利关节，保神益精，坚筋骨，好颜色，久服轻身不老延年。"

灵芝又称灵芝草、神芝、芝草、仙草、瑞草。灵芝原产于亚洲东部，中国分布最广的是江西，灵芝作为拥有数千年药用历史的中国传统珍贵药材，具备很高的药用价值。灵芝在增强人体免疫力，辅助肿瘤放化疗等方面均具有显著疗效。

医学证明赤灵芝、紫芝、云芝药用价值最高，但是由于多年来人类的过度采摘，野生灵芝的数量越来越少。赤芝主要分布于长白山和台湾地区，并以长白山灵芝和台湾的樟芝最为著名。

《重修政和经史证类备用本草》和《本草纲目》对六种灵芝所处地理环境有详细的记载，有"赤芝生霍山，青芝生泰山，黄芝生嵩山，白芝生华山，黑芝生常山，紫芝生高山夏峪"的说法。而霍山就是现今湖北、河南、安徽三省交界处的大别山区，因此庐山、大别山是赤芝的发源地。

灵芝能安神、增智慧，对神经衰弱、失眠有显著疗效。灵芝自古以来就被认为是吉祥、富贵、长寿的象征，长期以来被视为滋补强壮、固本扶正的珍贵中草药。民间传说灵芝有起死回生、长生不老之功效。

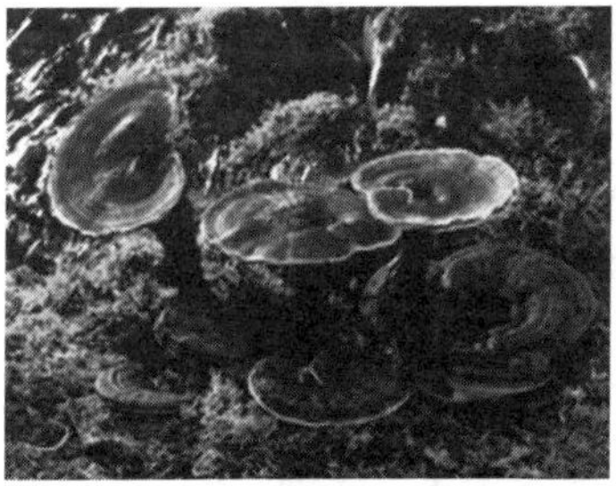

灵芝原植物

药材灵芝

菋

菋（wèi），《说文解字》："荎藸也。从艸，味声。"《尔雅·释草》："菋，荎藸。"郭璞注："五味也，蔓生，子丛在茎头。"果实可入药，《唐本草》言其"五味皮肉甘酸，核中辛苦，都有咸味"，五味俱全，因此叫作五味子。

五味子，俗称山花椒、五梅子等，古医书称为荎藸、玄及、会及，最早列于《神农本草经》上品，有滋补强壮之力、保肝护肝之能，药用价值极高。许多乙肝患者都知道五味子有不错的护肝作用，但五味子有微毒，服用过量有副作用，对肝脏也有损害。

五味子是多年生落叶藤本，可作药用，植株可供观赏。幼枝红褐色，老枝灰褐色，稍有棱角。花期5～6月，果期8～9月。李时珍在《本草纲目》云："五味子今有南北之分。南产者色红，北产者色黑，入滋补药必用北产者乃良。"北五味子又以东北出产者比较有名。

五味子可以保护人体的五脏，在中药中非常独特，早在两千多年前，王宫贵族和中医名家已经采用这种强身妙品。五味子有很好的安神作用，饮用五味子泡开的水汁，可以适当加冰糖，能缓解失眠症状。

五味子是多用途的药食兼用的经济植物，具有益气、滋肾、敛肺、安神之功效，在食品、饮料、酿酒、纺织染料等领域得到广泛的应用。由于市场需求旺、供需矛盾尖锐，五味子越来越受到药材市场的重视，是重点关注的药材品种之一。

五味子原植物

药材五味子

櫋

櫋（miɑ́n），杜仲。《名医别录》称为櫋，《本草图经》把两个字合为一个字，称为櫋。《本草纲目》云："其皮折之，白丝相连，江南谓之櫋。初生嫩叶可食，谓之櫋芽。"

杜仲，为杜仲的干燥树皮，是中国名贵滋补药材，也是杜仲科杜仲属仅存的孑遗植物。《神农本草经》列为上品。杜仲具有补肝肾，强筋骨，防止肌肉骨骼老化等作用。中国两千年前的古籍中，就有杜仲树皮煎汤饮服可增强肌肉的记载。现代药理实验证明杜仲有抗癌和抑癌之功效。

关于杜仲有一个传说。古时候有个打柴的人叫杜仲，他每天都上山打柴，养活年迈的母亲。时间久了，他得了腰疼病。一天，杜仲在山上打柴，腰又疼了，他停下来，靠在一棵大树下休息。他光着脊背，靠着大树慢慢睡着了。一觉醒来，感到腰部舒服极了。从此以后，杜仲每天都将腰部在树皮上靠一靠。渐渐地，杜仲的腰病全好了。杜仲的老母亲也得了腰疼病，卧床不起。杜仲想起了山上的那棵大树，连忙跑到山上，剥来了一些树皮。杜仲把树皮贴在老母亲的腰上，神奇的是老母亲渐渐地能坐起来了。村里人听说了，都用这种树皮治病。这种树因为是杜仲发现的，人们就称之为杜仲。

原植物杜仲树

药材杜仲

杞

杞，《说文解字》:“杞，枸杞也。从木，己声。”《诗经·小雅·四牡》:“集于苞杞。”《毛传》:“杞，枸檵也。”枸檵就是枸杞。《左传》:“我有圃，生之杞乎。”杜预云:“杞，世所谓枸杞也。”

本草书中，枸杞最早出自《名医别录》，此后《药性论》云:“能补益精诸不足，易颜色，变白，明目，安神。”枸杞是灌木植物，全身是宝，《本草纲目》云:“春采枸杞叶，名天精草；夏采花，名长生草；秋采子，名枸杞子；冬采根，名地骨皮。”枸杞嫩叶亦称枸杞头，可食用或作枸杞茶。

现代研究表明，枸杞子有降低血糖、抗脂肪肝的作用，并能抗动脉粥样硬化。枸杞是名贵的药材和滋补品，也是著名的养生食品。枸杞的产区主要集中在西北地区，宁夏的枸杞最为著名，另外甘肃、青海等地的枸杞品质也很高。

枸杞有许多传说，其中之一是这样的。相传有一个体弱多病的书生，到终南山寻仙求道，好几天没有见到神仙的踪影，正在烦恼时，忽然见到一位年轻的女子正在痛骂责打一位年迈的妇人，便上前指责那年轻女子大逆不道。那女子笑道："你当她是我什么人？她是我的儿媳妇。"书生不信，转问那老妇，老妇答道："她是我婆婆，我是她第七个儿子的媳妇，今年快五十了。"书生追问缘由，那年轻女子说："我一年四季以枸杞为生，春吃苗、夏吃花、秋吃果、冬吃根，越活越健，头发乌黑，脸色红润，看上去如三四十岁。只有这个小儿媳妇好吃懒做，不吃枸杞，成天鸡鸭鱼肉，吃出一身的毛病。"书生听了，回到家里，多买枸杞服食，天长日久，百病消除，活到八十多岁。

枸杞原植物

枸杞子

2. 养生保健相关的汉字

按蹻

蹻（qiāo）就是按蹻，古代一种治疗方法，即举动手足以导引也。《素问·金匮真言论》：“冬不按蹻，春不鼽（qiú）衄。”王冰注：“蹻，谓如蹻捷者之举动手足，是所谓导引也。”《说文解字》：“蹻，举足行高也。从足，乔声。”《说文解字》的“蹻”是个形声字，意思像今天说的高跷。中医说的按蹻，则是其引申义，而比按蹻更为古老的名称则是揃搣（jiǎn miè）。揃搣，按摩的古代名称。《急就篇》卷三：“沐浴揃搣寡合同。”揃搣也叫背搣，《庄子·外物》云：“背搣可以休老。盖擎挲按摩之法。以休养理体者。”

按蹻是古代养生与医疗术语，也称按跷，出《素问·异法方宜论》：“中央者，其地平以湿……其治宜导引按蹻。”也是按摩的别称。“按”与“蹻”是按摩的两种方法。吴昆注《素问·金匮真言论》曰：“按，手按也；蹻，足踹也。”按摩和导引，都以肢体手法为主，因此古人混而不分，如果说到区别，那么按摩是给别人施行的，而导引则是自主的，是自我锻炼的方法。按蹻可以用来消除疲乏，锻炼身体，也用于疾病的手法治疗。

推拿

推拿，也属于手法治疗这一范围，只是名称至明代才出现。与宋元时代不同，明代朝廷明确禁止手法治疗的按摩科，因此许多手法治疗的从业者失去了行医的资格。而手法治疗其实还是有其独特作用的，尤其是婴幼儿，针药治疗都有畏忌，家长往往不敢随便使用，而手法治疗就安全得多，所以借用了推拿的名义，重点为婴幼儿患者服务，手法治疗得以延续。推拿其实还是从古代的按摩、导引的手法发展而来的，前后之间存在继承与发展的关系。也正是由于这个缘故，后代说到推拿，大家自然想到的是小儿推拿。明清两代，许多医生专门研究小儿推拿，出版了专门的书籍，因此小儿推拿在明清两代获得了长足的发展，至今仍然是中医治疗的特色专科。

导引

导，《说文解字》：“导，引也。从寸，道声。”导的本义是为人指引道路。引，《说文解字》：“开弓也。”意思是拉弓，即箭在弦上。导和引原本都是动作，引申到养生方面，指的是活动肢体、呼吸吐纳的锻炼方法。

导引，也叫道引。导，指导气；引，指活动肢体，导引需要肢体运动与呼吸吐纳相结合。《一切经音义》：“凡人自摩自捏，伸缩手足，除劳去烦，名为导引。”导引与一般的肢体活动有区别，《云笈七签》卷三十六的《云鉴导引法》：“导引之道，务于祥和，仰安徐，屈伸自有节。”即是说，导引之时，首先精神上必须祥和，身体俯仰之时，也要不徐不疾，肢体伸曲时，也必须有节奏和节制。导引的目的，是为了“导气令和，引体令柔”，使身心处于健康平和的状态，即呼吸俯仰，屈伸手足，使血气流通，促进健康。常与服气、存思、咽津、自我按摩等相配合进行，俗称医疗保健体操，又有人称肢体导引为外导引、内气运行为内导引。

导引与养生密不可分，但最初的导引，则与上古的神仙方术有关，在道家那里十分盛行。“导养”之风，东汉盛于西汉，《后汉书·方术列传》中讲到的许多方士都是精于导引的养生家。这些人对导引的发展无疑是有贡献的，但其“导养”的目的是希冀“长生不老”，度世做神仙，因此，先秦两汉的导引行气带有浓厚的神秘玄虚的色彩。

帛画《导引图》

导引之术也被医家所运用，《黄帝内经》中有导引的记载，东汉张仲景《金匮要略》强调以“导引、吐纳、针灸、膏摩”治疗四肢“重滞”。华佗《中藏经》也指出“导引可逐客邪于关节”，“宜导引而不导引，则使人邪侵关节，固结难通”。

五禽戏

1974 年，湖南长沙马王堆 3 号汉墓出土的帛画《导引图》，乃是让后世了解汉代导引发展的珍贵资料。《导引图》中有 44 个彩绘的各类导引的图像。每个图像均为一独立的导引术式，图侧有简单的文字标出名目。这幅《导引图》反映了当时导引的多样性。从肢体运动的形式看，既有立式导引，也有步式和坐式导引；既有徒手的导引，也有使用器物的导引；既有配合呼吸运动的导引，也有纯属肢体运动的导引。此外，还有大量模仿动物姿态的导引。帛画《导引图》原本模糊不清，经过修复之后，我们可以看得更加清晰。

医家对于导引术，更加重视其健身和医疗的作用，过于繁复的导引术式，不容易被人掌握，相反，如果编成像体操一样的套路，那么练习起来就方便得多了。在这种情况下，就出现了有名的五禽戏。五禽戏，是通过模仿虎、鹿、熊、猿、鸟（鹤）五种动物的动作，用来保健强身的一种锻炼方法。相传为后汉名医华佗在前人的基础上发明的，故又称华佗五禽戏。五禽戏能治病养生，强壮身体。五禽戏是一种外动内静、动中求静、动静俱备、有刚有柔、刚柔相济、内外兼练的仿生功法。最早记载五禽戏的是《三国志》的《华佗传》。其后南北朝陶弘景的《养性延命录》也提到五禽戏，宋代道教书籍《云笈七签》的文字记载尤为详细。华佗的弟子吴普，向华佗学练五禽戏，并坚持锻炼，年九十余而精神矍铄。

八段锦

导引是重要的养生方法，可以舒经活络，消除身体的疲乏，甚至可以祛除疾病，矫正肢体的不良姿势。在隋代巢元方《诸病源候论》一书中，保存有许多养生方法。此书不记载方药，却特地保留了以手法治疗为主的众多按摩方法，可见按摩方法在古代有着特殊的作用，可以治疗诸多疾病，这表示手法治疗进入了一个新的阶段。《诸病源候论》共载“养生方”或“导引法”289 条，213 种具体方法。其中还有“胡坐”之法，可见当时的按摩方法，有许多是由佛教徒带来的印度瑜伽术与中国固有的手法治疗融合而形成的。

宋代以后，内丹术兴起，导引也获得重视，人们意图借此益寿长生。关于导引的作用，《云笈七签》卷三十六玄鉴导引法："一则以调营卫，二则以消谷水，三则排却风邪，四则以长进血炁。……言人导引摇动，而人之精神益盛也。"通过导引，可以调和体内阴阳，促进消化，抵抗外病的侵入，还可以使气血充盈，精神旺盛。

导引术对于健身、疗病确有积极的作用，受到人们的喜爱。后世流行的八段锦、太极拳等，都与道教导引术有密切的联系。八段锦形成于 12 世纪的宋代，后在历代流传中形成许多练法，动作简单易行，功效显著。古人把这套动作比喻为"锦"，意为动作如锦缎一般优美柔顺，又因为功法共为八段，每段一个动作，因此名为"八段锦"。八段锦的名称出自北宋洪迈《夷坚志》："政和七年，李似矩为起居郎。……尝以夜半时起坐，嘘吸按摩，行所谓八段锦者。"南宋曾慥《道枢》记录了八段锦的基本功法，此外如《灵剑子导引子午记》、《三才图会》、《遵生八笺》等书籍均有记载。八段锦一直流传到今天，可谓源远流长，影响广泛。

参考文献

[1] 徐文兵：《字里藏医》，合肥：安徽教育出版社 2007 年版。

[2] 任宏丽：《汉字中医解码》，上海：上海中医药大学出版社 2008 年版。

[3] 段石羽等：《汉字与植物命名》，乌鲁木齐：新疆人民出版社 2009 年版。

[4] 李土生：《汉字与汉字文化》，北京：中央文献出版社 2009 年版。

[5] 郁乃尧：《汉字的故事》，北京：中央编译出版社 2006 年版。

[6] 伊力编著：《图说汉字的故事》，北京：人民日报出版社 2008 年版。

[7] 顾建平编著：《汉字图解字典》，上海：东方出版中心 2008 年版。

[8] 严青等编著：《中医文化》，北京：中国经济出版社 2010 年版。

[9] 张大钊编著：《中医文化对谈录》，桂林：广西师范大学出版社 2009 年版。

[10] 曲黎敏：《中医与传统文化》，北京：人民卫生出版社

2006 年版。

［11］阴法鲁等主编：《中国古代文化史》，北京：北京大学出版社 1991 年版。

［12］马伯英：《中国医学文化史》，上海：上海人民出版社 2010 年版。